Lothar Markmann · Das kleine Buch für Pfeifenraucher

VITRINE

Lothar Markmann

Das kleine Buch für
Pfeifenraucher

AT Verlag Aarau · Stuttgart

Umschlag und Layout:
Atelier Kunz, Aarau
Umschlagbild:
Fotodesign Andrea Kramp & Bernd Gölling,
Hamburg
Gesamtherstellung:
Grafische Betriebe
Aargauer Tagblatt AG, Aarau

Printed in Switzerland

ISBN 3-85502-270-4

Inhalt

Vorwort

Vorwörter beginnen üblicherweise mit der Erklärung, warum ein Buch denn überhaupt geschrieben worden ist. So nach dem bekannten Schul-Motto: «Was will der Dichter uns damit sagen?»

Ich werde Ihnen in diesem Vorwort keineswegs eine tiefschürfende und weltbewegende Erklärung für etwas in dieser Richtung geben. Ich möchte Sie lediglich darauf einstimmen, dass Sie ein – hoffentlich – unterhaltsames, amüsantes Buch vor sich haben, dessen Zweck einzig der ist, Ihnen die Angst vor dem Pfeifenrauchen zu nehmen. Denn Pfeifenrauchen ist nun wirklich keine Kunst.

Mir ist selbstverständlich bekannt, dass der letzte Satz mindestens ein schwerer Verstoss ist. Ein Verstoss gegen das, was seit vielen Jahren überall darüber geschrieben steht – und zwar ganz besonders im Zusammenhang mit dem Einrauchen einer Pfeife, aber auch mit dem späteren Umgang.

Aber fast alles, was Sie gerade zu diesen beiden Punkten bisher häufig lesen konnten, das können Sie getrost vergessen. Es ist schlicht falsch, um nicht zu sagen: dummes Zeug.

Diese meine kühne Behauptung gründet sich unter anderem auf ein kleines Erlebnis, das ich vor einiger Zeit hatte.

Der Sohn (zartes Alter: 21) eines Freundes von mir beschloss, seinem Männlichkeits-Image durch Rauchen auf die Sprünge zu helfen, möglichst durch das Rauchen einer Pfeife. Er fragte mich, wie er das am besten anstellen könne. Ich empfahl ihm dummerweise, sich doch eines der zahlreichen Bücher zu diesem Thema zu Gemüte zu führen: «Dann weisst du wenigstens, wie es in der Theorie funktioniert!»

Der junge Mann tat, wie ihm geraten. Jetzt raucht er Zigaretten. Ich war darob zunächst erstaunt. Bis er mir die Gründe seines Handelns erklärte: «Du kannst doch wohl nicht von mir verlangen, dass ich sowas Kompliziertes nur zu meinem Vergnügen mache!» Er zeigte mir in dem Buch ein paar markierte Stellen, und ich musste ihm zustimmen.

Da beschloss ich, noch ein Buch über das Pfeifenrauchen zu schreiben. Ein anderes. Ein solches nämlich, das Ihnen Spass am Pfeifenrauchen machen soll und Ihnen erklären, dass es kaum etwas Einfacheres gibt als den genussvollen Umgang mit so einem sorgsam behandelten Stück Holz.

Sie müssen nur ein paar einfache Grundregeln kennen und sie dann auch anwenden.

Allerdings, wenn Sie es so machen wie der Mensch, von dem ich Ihnen gleich erzählen werde, dann sollten Sie wohl auch lieber Zigaretten rauchen. Denn dann ist bei Ihnen eh Hopfen und Malz – besser: Bruyère und Tabak – verloren.

Ich sass mit Freunden in einem französischen Restaurant in der Düsseldorfer Altstadt, in einem ganz hervorragenden Restaurant übrigens, so etwas gibt es tatsächlich noch in der Düsseldorfer Altstadt.

Mir schräg gegenüber sass ein heftig turtelndes Paar. Er in einem Alter, dass sie seine Tochter hätte sein können, seine Enkelin zu schreiben, wäre wohl doch zu uncharmant. Er sah nach Geld aus, nach viel Geld sogar, und er rauchte Pfeife. Unübersehbar eine sehr schöne und sehr teure giant von ... (Ich werde die Marke hier nicht nennen. Nachher behauptet der Importeur, ich hätte negativ über sein Produkt berichtet).

Mehrere Gänge, Dessert, Mocca, immer mit schönen Erholungspausen dazwischen. Der Abend wurde länger, meine Augen auch. Der Typ mir schräg gegenüber rauchte von kurz nach 19 bis gegen 24 Uhr seine Pfeife insgesamt viermal.

Nach jedem Gebrauch legte er sie achtlos in den Aschenbecher, ein sehr stabiles Ding. Dort lag sie dann farblich schön umrahmt von den Filterzigaretten-Kippen seiner Begleiterin, deren Lippenstift sichtlich nicht kussecht war. Dann klopfte, nein: donnerte der Kerl seine Pfeife im Aschenbecher aus, stopfte sie wieder voll, paffte, einem Hochofen nicht unähnlich. Beim letzten Mal allerdings liess er das Ausklopfen gleich bleiben und stopfte den Tabak auf die Asche. Mich hat's geschüttelt, wir haben gezahlt.

Wenn Sie nach der Lektüre dieses Buches Ihre Pfeife auch so behandeln, und ich erwische Sie dabei, dann gebe ich Ihnen Ihr Geld zurück (das für das Buch, nicht das für die Pfeife!). Weil, dann muss ich nämlich irgendetwas falsch gemacht haben.

Ansonsten wäre es schön, wenn es mir noch gelingen sollte, mit den Adjektiven aufzuräumen, die häufig im Zusammenhang mit dem Pfeifenrauchen verwendet werden: altmodisch, überholt, unmodern – um nur einige wenige zu nennen. Ich halte das Pfeifenrauchen schlicht für das Gegenteil: modern, jugendlich, optimistisch, zukunftsorientiert.

Vielleicht bringt schon das Titelfoto dieses Buches etwas davon rüber. Ich meine, es ist dem jungen Hamburger Fotodesigner-Paar Andrea Kramp und Bernd Gölling ganz hervorragend gelungen. Wobei ich gern gestehe, dass es ziemlich aussergewöhnlich ist, fällt es doch stark aus dem Rahmen gewohnter Pfeifenbuch-Titelfotos.

Vorwörter enden üblicherweise mit einem Dankeschön. Dieses soll keine Ausnahme bilden. Auf denn: Vielen Dank, Detlef Seiffert (Firma Seiffert & Söhne, Kassel), Michael Kohlhase (Firma Kohlhase, Kopp & Co., Hamburg), Udo Kaufmann (Firma Stanwell Pfeifentabak-Vertriebs GmbH, Bremen). Und besonders herzlichen Dank: Vlasta Quix.

Lothar Markmann

Warum ein Mann Pfeifen macht

Rainer Barbi und seine free hands

Sie heissen Hasso Baudis und Karl-Heinz Joura, Julian Schäfer und Robert Mewis. Und Rainer Barbi. Sie haben alle denselben Beruf: Pfeifenmacher. Aber sie verfügen über keine kleinen oder grossen Produktionsanlagen. Ihre fertigen Produkte sind von Serienware so weit entfernt wie ein vom Schneider gebauter Anzug von einem von der Stange gekauften. Und sei der noch so teuer.

Die Baudis und Jouras, die Schäfer, Mewis und Barbis sind *free hand-makers,* Männer, die einmalige Pfeifen machen, die es in dieser Form nie wieder gibt. Männer, die geleitet sind von ihrem Geschmack, beeinflusst von den Vorgaben des Rohmaterials, des Holzes, verpflichtet ihrem Können und ihrem Namen, den sie im Kreis derjenigen ihrer Geschlechtsgenossen haben, die sich ihre Leidenschaft, das Pfeifenrauchen nämlich, gern etwas mehr kosten lassen.

Was sind das für Männer, unter deren Händen aus einem hässlichen Holzblock und einer nicht minder hässlichen Stange Kautschuk ein wirkliches und wunderschönes Kunstwerk entsteht, eine free-hand-Pfeife nämlich?

Rainer Barbi ist ein Typ, ein echter. Kein Riese und nicht schlank, Feinschmecker-Ambitionen und Bier-Verhältnisse gehen nur an den wenigsten Männern spurlos vorüber. Sein Schnurrbart hängt, und seine Haare sind just so lang, dass sie bei einem Mann in seinem Alter noch nicht berufsjugendlich wirken, andererseits aber deutlich signalisieren: Zum guten Bürgertum gehöre ich keineswegs mehr, meine Richtung geht eher ins Künstlerische.

Aber ein richtiger Künstler zu sein, streitet Barbi rundweg ab: *«Ich bin kein Künstler, nicht mal ein Kunsthandwerker!»* Fishing for compliments... Denn wer die Pfeife auf dem Titelbild betrachtet, wird mir recht geben: Das ist Kunst. Und wer wie ich einmal beobachtet hat, mit welcher (Kunst-)Fertigkeit Barbi einen Holzklotz schneidet und bohrt, schleift und poliert, bei dem wird sich der Kunst-Eindruck eher verstärken.

Privat malt Barbi, wenn er Zeit hat. Was für einen Stil? *«Na, ich würde so sagen: naiver Realismus!»*

Wie wird ein Mann wie er free hand-maker? Ganz einfach, natürlich. Geboren wurde Barbi 1948 in Hannover, aufgewachsen ist er in Ham-

burg, Volksschule, Oberschule, alles ganz solide, Abitur, Jura-Studium, gesicherte Zukunft als Strafverteidiger greifbar nahe vor Augen.

Und dann kam der Einschnitt, die Wende: *«Als Student habe ich begonnen, Pfeife zu rauchen. Und je mehr ich daran Spass fand, desto bessere und schönere Pfeifen wollte ich haben. Leider vertrug sich das nicht mit dem Geld, das ich zur Verfügung hatte!»*

Einzig möglicher Ausweg: Barbi machte sich die besseren und schöneren Pfeifen, die er sich nicht kaufen konnte, einfach selbst. Mit einer technischen Ausrüstung, die eher der eines normalen Heimwerkers entsprach, aber die Mittel heiligen die Ergebnisse, und diese Ergebnisse gelangen mit der Zeit so gut, dass proportional der Wunsch wuchs, Pfeifen hauptberuflich zu machen, die Juristerei an den Nagel zu hängen. Das war so um 1977/78.

Dank einer Verkettung glücklicher Umstände bekam Barbi problemlos und günstig ein Darlehen von ein paar zehntausend Mark. Damit kaufte er vernünftige Geräte und viel Rohmaterial und vergass in seiner Euphorie völlig, dass gerade dieses Rohmaterial zunächst eine Art totes Kapital ist: Es muss nämlich sehr lange lagern, bei 50 Prozent Luftfeuchtigkeit und 20 Grad Celsius, eher weniger.

Es ist noch kein Meister vom Himmel gefallen, eine echte Barbi(-Pfeife) auch nicht, und Rückschläge blieben nicht aus, damals. Er nahm sie gelassen hin, nichts konnte ihn vom Weg abbringen, 1978 erfolgte eine Art Durchbruch. Auf der Hamburger Verbrauchermesse «Du und Deine Welt» durfte er auf dem Stand eines prominenten Pfeifenhändlers (der Mann machte Pleite, sein Name soll aus Pietätsgründen hier nicht erwähnt werden) Werbung machen. Barbi demonstrierte dem sehr verehrten und staunenden Publikum, wie Pfeifen geschnitzt werden, mit der Hand. Anschliessend wollten immer mehr Fachhändler auch echte Barbis in ihrem Angebot führen. Der abgebrochene Jurist kam diesem Begehren nur zu gern nach.

Eine liebenswerte Geschichte am Rande: Nachdem Barbi von vielen Fachhändlern angeboten wurde, passierte es nicht selten, dass er seine Pfeifen heimlich wieder austauschte, um sie durch bessere, wie er meinte, schönere, exklusivere zu ersetzen.

Barbi hat seine Werkstatt und sein Büro in einer Nebenstrasse in Hamburg, schräg links über den Hinterhof. Kühles Hamburger Understatement nennt man das wohl, denn nach Eleganz und Exklusivität wird der Besucher lange und stets vergeblich suchen.

Holz bestimmt sein Leben: Blickfang im Büro ist ein imposanter Eichenschrank, aber auch Tisch und Schreibtisch brauchen sich nicht zu verstecken, der Meister trägt Holzpantinen, diese nur scheinbar unbequemen Dinger aus Holland. Überall liegen Holzblöcke in allen Grössen, und ihre Formen verlangen vom Betrachter eine fast schon krankhafte Phantasie, wollte er sich denn tatsächlich vorstellen, dass daraus einmal ein wunderschöner Pfeifenkopf werden soll, mit edler Maserung auf einmaliger Form.

Barbi hat diese Phantasie, er hat noch mehr: nämlich die Fähigkeit, sie tatsächlich umzusetzen.

Wie machen Sie Ihre Pfeifen? Was entscheidet über die Form?

«Der Holzblock! Jeder Block hat seine eigene Struktur, sein eigenes Leben. Fast wie eine Seele. Die entscheidet dann letzten Endes darüber, welche Form, welche Pfeife rauskommt.»

Sie wissen also nicht vorher, welche Pfeife gerade aus diesem bestimmten Block entsteht?

«Nein. Man kann natürlich in einen Block die verschiedensten Formen zwingen. Aber dann vergewaltigt man ihn. Und das merkt man am Ergebnis. Die grosse Frage ist immer: Passt die Maserung zur Form. Das kann man nur anschliessend beantworten. Aber das muss unbedingt passen. Besonders bei Serienpfeifen fällt es häufig auf, dass die Maserung vergewaltigt worden ist. Da ist eine Form willkürlich reingezwungen, die Maserung ist nebensächlich geworden. Bei einer free hand muss eine Kombination zwischen Maserung und Form stattfinden. Nur 'ne Form ohne Maserung is' nichts. Und 'ne Maserung ohne Form auch nicht. Ich nenne diesen Prozess: man muss das Material beschlafen, man muss sich in den Block hineinknien, mit ihm auf eine Welle kommen. Und dann fühlt man heraus, was kann ich da rausholen.»

Woher erhalten Sie Ihr Rohmaterial?

«Das ist das grosse Problem, gute Lieferanten, Importeure zu haben, weil der Ausschuss so gross ist. Man braucht unbedingt gute Quellen. Ich kaufe zwei- bis dreimal im Jahr ein. Meist bei einem dänischen Importeur. Der hat Hölzer aus verschiedenen Ländern. Leider differieren in den verschiedenen Abbauländern von Jahr zu Jahr die Qualitäten: Wie war das Klima? Hat's einen Waldbrand gegeben ... Das Rohholz und die Erfahrung mit dem Rohholz sind wichtig, um später ein vernünftiges Ergebnis zu erzielen.»

Wieviel Ausschuss fällt an?

«Der Ausschuss beträgt immer ein Vielfaches von dem erstellten Produkt nachher. Das kommt aber auch daher, weil meine Pfeifen immer einwandfrei sind, immer fehler- und kittfrei.»

Und wenn Sie beim letzten Arbeitsgang feststellen, dass doch ein Bock drin ist?

«Dann fliegt die Pfeife weg! Aber es gibt eine sogenannte Spotquote. Das sind Sandkörner im Holz. Die bleiben drin.»

Worin liegt eigentlich der Reiz einer absolut fehlerfreien Pfeife? Ich meine, dem Geschmack tut es keinen Abbruch, ob da nun ein Fehler drin ist oder nicht. Aber dem Geldbeutel.

«Das hängt mit der Seltenheit einer solchen Pfeife zusammen... Das ist eine psychische Werteinschätzung... Alles, was seltener ist, ist auch teurer. Wie bei Diamanten.»

Fangen wir doch noch mal ganz vorn an: Jetzt sitzen Sie da mit einem Block in der Hand, und dann kommt der Heilige Geist über Sie? Oder wie geht das?

«Dann muss ich den Block mit meinen Gedanken in Einklang bringen. Ich muss sehen, was ich da rausholen kann, welche Form in dem Block drin ist. Ich suche mir die für meinen Geschmack optimale Form aus und berücksichtige dabei natürlich die Maserung. Und dann wird der Block eben bearbeitet.»

Machen Sie richtige, endgültige Skizzen?

«Nein. Die Form ist in meiner Phantasie drin. So viel Vorstellungskraft habe ich.»

Und Sie verhaun sich nie dabei?

«Nein!»

Wie lange brauchen Sie für eine Pfeife? Können Sie sagen: Ich fange morgen früh um neun an und bin um 17 Uhr fertig?

«Nein, das weiss ich nie genau. Das richtet sich immer nach zu vielen einzelnen Faktoren!»

Wer bestimmt eigentlich, was eine schöne Pfeife ist?

«Das Publikum!»

Aber Sie machen Pfeifen doch nach Ihrem eigenen, ganz persönlichen Geschmack?

«Ja, natürlich. Aber ich hoffe jedenfalls, dass mein Geschmack dem der Pfeifenraucher entspricht, dem derzeitigen Geschmack, dem Modegeschmack. Und ich hoffe, dass ich möglichst immer ein wenig voraus bin. Ich treibe nämlich keine Marktforschung.»

Aus Holz und Kautschuk entsteht eine free hand.

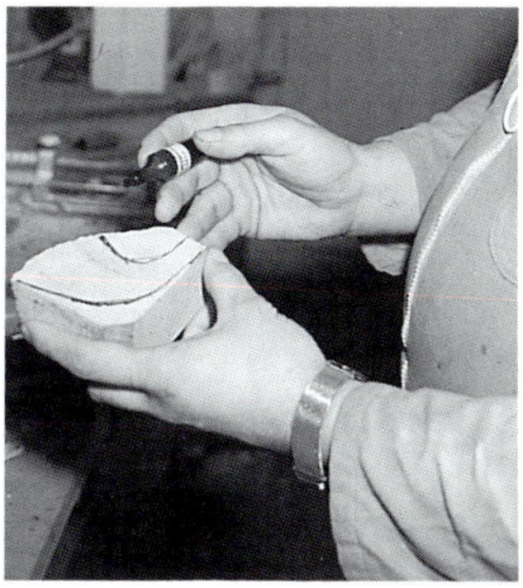

Die Form der Pfeife wird grob angezeichnet.

Mit einer Bandsäge wird die Form zugeschnitten.

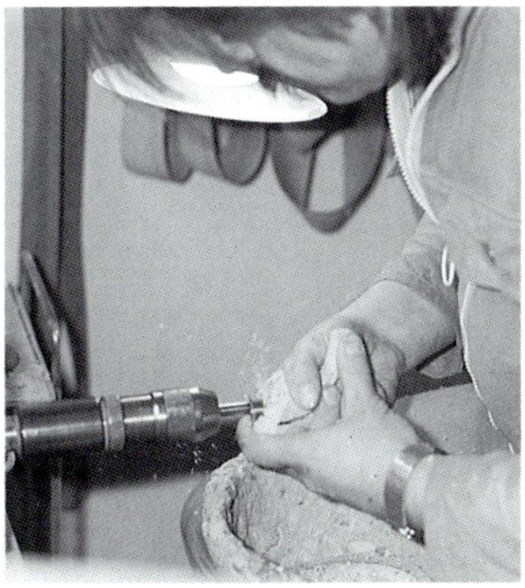

Aufbohren des Mundstückes: Frei aus der Hand.

Ausbohren des Pfeifenkopfes: Ohne Maschinen geht es nicht.

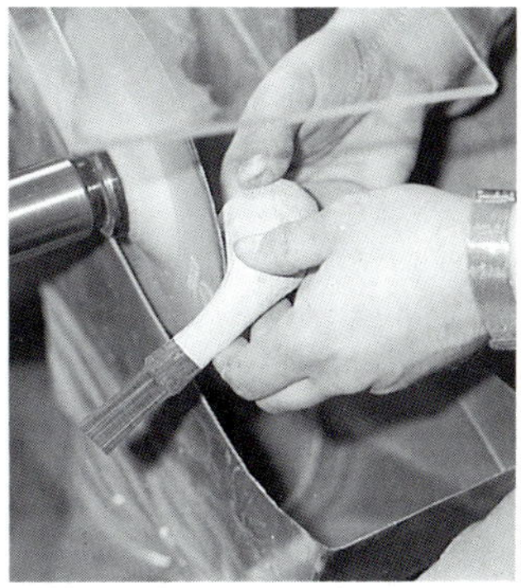

Passen Holm und Mundstück wirklich zusammen?

Letzte Korrekturen am Pfeifenkopf: Kunsthandwerk.

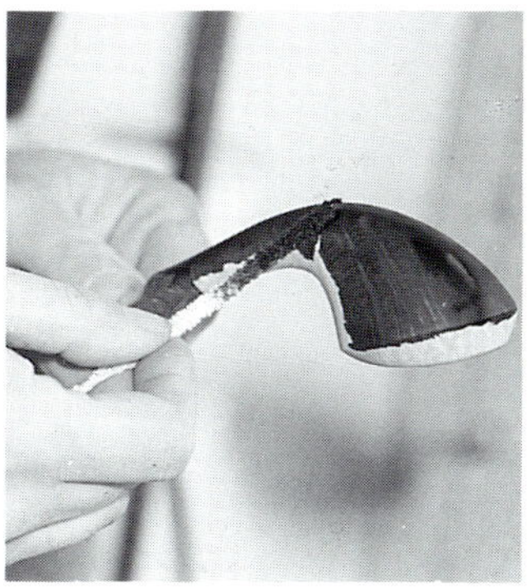

Farbgebung: Der persönliche Geschmack entscheidet.

Ein weiteres free-hand-Meisterwerk ist fertig.

Vor vielen Jahren habe ich einmal in den Bergen von Mallorca einem Maler zugesehen, einem fast alten Mann mit schlohweissem Haar und einer kühnen Hakennase. Es hat mich fasziniert, wie er mit Pinsel und Farbe ein Panorama auf die Leinwand brachte. Das war für mich lange Zeit der Inbegriff von Kunst. Vielleicht hat mich diese Beobachtung auch deshalb so geprägt, weil ich so etwas nicht kann, nicht einmal annähernd.

Ich habe mein Kunstverständnis erweitert, nachdem ich gesehen habe, wie Rainer Barbi eine Pfeife macht. Vielleicht auch deshalb, weil ich so etwas nie könnte...

Es ist schlicht begeisternd, wie der Mann mit dem Werkzeug umgeht, mit der Säge, den Bohrern, der Schleifscheibe, den -bändern. Er sägt und bohrt und fräst und poliert und wachst... Und mit jedem einzelnen Schritt, nach jedem Abschnitt wird auch für den unbedarften Endverbraucher sichtbarer, was einmal wird.

Es ist für jemanden, der so etwas noch nie gesehen hat, schier unglaublich und auch nicht nachvollziehbar, wie aus einem läpp'schen Stück Holz und einem grau-schwarzen Strang Kautschuk je eine Pfeife entstehen kann, ein einmaliges exklusives Kunst-Stück.

Und es ist erschreckend, fast grausam, mit welch atemberaubender Geschwindigkeit zumindest vereinzelte Fertigungsabschnitte vonstatten gehen. Ich gestehe, ich habe mehr als einmal verstohlen zum Erste-Hilfe-Kasten geblickt, weil ich gefürchtet habe, dass Barbis Finger der Technik und der Geschwindigkeit zum Opfer fallen könnten. Sie haben das bisher aber noch nicht getan – ich habe nachgezählt –, und sie werden das voraussichtlich auch in Zukunft nicht tun – ich hoffe es. Der Mann werkt traumhaft sicher.

Geht man mal von der reinen handwerklichen Fähigkeit, dem Können im Umgang mit den Maschinen aus, eine Pfeife wäre im Handumdrehen fertig, aber Form braucht Zeit, eigenwillige Form besonders viel. Immer wieder sind da die ständigen Unterbrechungen, mit denen der Meister sein Werk mit kritischem Blick würdigt, gegebenenfalls korrigiert. Dumm ist halt nur, dass einmal weggeschnittenes oder -geschliffenes Holz nicht wieder angesetzt werden kann. Da zeigt sich eben das Können, der Könner, jeder Handgriff sitzt, die Ergebnisse beweisen das immer wieder.

Barbi beschäftigt einen Handelsvertreter, der seine Pfeifen an den Mann, den Händler, in die Geschäfte bringt. Das muss sein: *«Ich bin kein Verkäufer, ich mache Pfeifen!»*

Eine echte Barbi kostet zwischen 300 und 3000 Mark.

400 Jahre und kein Ende

Die Geschichte des Pfeifenrauchens

Viele Wege führen nach Rom – obwohl Rom ausnahmsweise mit dem Pfeifenrauchen nichts zu tun hat. Also anders formuliert: Es ist von mehreren Wegen zu lesen, die (angeblich?) zum Pfeifenrauchen führen. Doch soll hier nur der skizziert werden, der in den Geschichtsbüchern am meisten vorkommt, der einigermassen wissenschaftlich zu belegen ist. Wollte man jedoch auch nur diesen einzigen Weg mit allen Abzweigungen nachwandeln, man müsste dafür ein dickes Buch in Kauf nehmen.

Die Indianer waren's, die Indios, denen alle Männer – und vereinzelt Frauen – dieser Welt den Rauchgenuss aus einem speziell dafür konstruierten Gerät zu verdanken haben.

Und zu verdanken ist es diesen rothäutigen Geniessern auch, dass der Pfeife immer etwas Beruhigendes, Ausgleichendes, Vermittelndes anhaftet. Denn das Kalumet, die Friedenspfeife der (Prärie-)Indianer, war ein vorzüglicher Friedensstifter. Der Rauch des Tabaks, genannt «Kinnikinneck», eine für heutigen Geschmack höchst merkwürdige Mischung aus Tabak und verschiedenen Kräutern, wurde der Sonne entgegengeblasen und dann in alle vier Himmelsrichtungen. Und wenn der so rauchende Indianer das Gerät dann auch noch seinem Gegenüber, vielleicht bis dahin gar seinem Feind, überreichte, auf dass der die Zeremonie wiederhole, dann waren sozusagen alle Unstimmigkeiten in (Schall und) Rauch aufgegangen. Und es war Friede.

Eine hübsche kleine Anekdote aus dem Buch der Indianerweisheit ist diese: Eine Rothaut, die einer anderen die Frau ausspannte, hatte – verdammtnochmal – die Pflicht und Schuldigkeit, einen alten Mann zum gehörnten Geschlechtsgenossen zu schicken. Mit einer Pfeife. Rauchte der mit den Hörnern die, so war das ein unumstössliches Zeichen dafür, dass er auf die Ausführung sämtlicher Rachegedanken verzichten würde.

Woraus unschwer zu erkennen ist, dass auch die negativen Aspekte der zwischenmenschlichen Beziehungen keineswegs zu den Errungenschaften moderner und angeblich so zivilisierter Menschen gehören. Es ist alles schon mal dagewesen...

Aber: Würden wir in unserer heutigen Zeit ebenso verfahren wie unsere roten Ahnen, die Pfeifenindustrie könnte ihre Absatzsorgen ein für allemal vergessen... Behaupte ich jedenfalls einfach mal so.

Zurück zur Geschichte: Die Pfeifen der Indianer bestanden aus einem Rohr oder dickeren Halm, durchbohrt natürlich. Der Kopf war aus rotem Catlinit oder schwarzem Steatlit. Der zu rauchende Inhalt – wie oben beschrieben – erinnerte Jacques Cartier, als er 1534/35 hinter die Geheimnisse des St.-Lorenz-Stromes zu kommen trachtete, frappierend an Pfeffer. Zudem sei das alles auch ziemlich heiss gewesen.

Übrigens: Auf einem Relief im mexikanischen Palenque erkennen Kenner ganz deutlich einen pfeiferauchenden Maya-Priester. Und Azteken-Schriften sind mit geschnitzten Pfeifen illustriert, die recht gross sind. Es sieht so aus, als seien die Dinger damals aus Holz gewesen.

Wahrscheinlich waren es die Engländer, und das wahrscheinlich im Jahr 1585, die die ersten Tonpfeifen entdeckten. Folgerichtig haben sie dann auch kurze Zeit später – ein Jahr später? – auf ihrer Heimatinsel die ersten Tonpfeifen geraucht. Nach vermeintlich indianischem Vorbild produzierten einheimische britische Töpfermeister diese Rauchgeräte.

Englische Seefahrer brachten ihren holländischen Kollegen das Pfeifenrauchen bei.

Überhaupt, die Engländer und das Pfeifenrauchen ... Wir Rest-Europäer haben es wohl dem Geschichtsunterricht-strapazierten seefahrenden Abenteurer Sir Walter Raleigh zu verdanken, dass der Rauch-Genuss überhaupt gesellschaftsfähig wurde. Der Mann, der im blutrünstigen Krieg ebenso ein As war wie in der blutärmeren Politik, gilt uneingeschränkt als der Erfinder des Raucherzimmers, «tabagie» genannt. Raleigh lebte übrigens von 1552 bis 1618.

Die erste Zunft (!) englischer Pfeifenmacher konstituierte sich bereits 1619 in London. In der Grafschaft Stradfordshire, und dort in Brosely, gab es eine Menge von geeignet erscheinendem Ton, und folgerichtig entstand hier das erste Zentrum der Tonpfeifen-Hersteller, die dann schon bald – mangels geeigneter Konkurrenz – ganz England beliefern konnten. Oder mussten.

In Holland war die Entwicklung eine ähnliche. Und der schon immer sehr stark ausgeprägte deutsche Nationalstolz ruhte nicht, ganz im Gegenteil. Das Pfeifenrauchen fand rasend schnell seine Liebhaber. Nur mit den Tonpfeifen taten sich die Deutschen schwer. Vielleicht, um sich von den Holländern und Engländern abzusetzen?

Holz war angesagt. Und Metall und Glas.

Die wahrscheinlich älteste noch erhaltene deutsche Pfeife stammt aus dem Jahr 1602. Herzog Christian von Braunschweig soll daraus geraucht haben. Das Material dieser Pfeife ist herrlich knorriges Rosenholz, geschnitzt-verziert mit wunderschönen Figuren von begnadeter Künstlerhand. Wahrscheinlich überflüssig zu erwähnen und deshalb auch nur der Chronistenpflicht nachkommend: Der herzögliche Christian rauchte aus seiner deutschen Pfeife selbstverständlich in Deutschland angebauten Tabak.

Im Inneren der Hütte (oder des Zeltes?) eines Mandan-Häuptlings kreist die Friedenspfeife.

Indes, Pfeifen aus Glas oder Metall konnten sich so recht nie durchsetzen. Die Tonpfeifen erlebten so etwas wie eine Renaissance (etwa in Köln oder im hessischen Almerode).

Aber schon in der ersten Hälfte des 18. Jahrhunderts begann der wahre, der grosse Siegeszug der Holzpfeife. Der Grund dafür ist einleuchtend: Holz gab's und gibt's eben überall. Mal in geeigneterer Qualität, mal in weniger geeigneter. Aber Holz ist widerstandsfähig und haltbar, und es lässt sich ausgezeichnet bearbeiten, was in damaliger Zeit «schnitzen» bedeutete. Da das heutzutage favorisierte Bruyèreholz vor ein paar hundert Jahren noch nicht (oder nur kaum) bekannt war, wurden statt dessen die Hölzer der Akazie verwendet, des Ahorns, der Eiche; Kirsche, Pappel, und auch die Kastanie genügten durchaus den Ansprüchen.

Ein Mann, ganz offensichtlich gesegnet mit den seltenen Händen eines begnadeten Künstlers, gilt als eine Art Urvater aller Pfeifenmacher: Simeon Schenk. Er liess sich 1739 in Ruhla, im Thüringer Wald, nieder, um ausschliesslich hölzerne Pfeifenköpfe zu produzieren.

Ebenfalls um die Zeit kam ein pfiffiger Göttinger Meister auf die Idee, Holzköpfe mit Meerschaum auszufüttern. Die Ururenkel solcher Pfeifen gibt es noch heute. Ihre Beliebtheit aber scheint zu sinken – was bei Zwittern ja vorkommen soll. Raucher des 20. Jahrhunderts wollen eine Pfeife aus Holz, tunlichst Bruyère. Oder aus Meerschaum, tunlichst Block. Aber darauf kommen wir in einem späteren Kapitel zurück.

Und dann ging es damals Schlag auf Schlag. Allerorten tauchten neue Pfeifenbauer auf, mit neuen Ideen. Innovation nennt man so etwas heute. In Ulm baute einer Rauchgeräte mit Metallbeschlägen und entdeckte damit augenscheinlich eine Marktlücke. Der Mann konnte seine Produkte sogar ins benachbarte Ausland exportieren.

Die Thüringer gaben erfreut die Geburt der Porzellanpfeife bekannt. Sie schwammen auf der Beliebtheitswelle ganz oben und fanden natürlich schnell ihre Nachahmer: Die bekanntesten von ihnen kamen im vergangenen Jahrhundert aus Österreich, aus St. Pölten.

Porzellanpfeifen sind auch heute noch beliebt und begehrt. Aber wohl weniger zum Rauchen, mehr zum Sammeln. Denn die Dinger werden so heiss, dass nur Leute mit richtigen Schwielen sie lange in der Hand halten können. Und sie sind ungemein zerbrechlich: Fallenlassen ohne Folgen is' nich'. Und mal hart auf den Tisch legen auch nicht.

Aber Porzellanpfeifen lassen sich wunderschön bemalen, und sogar flotte Sprüche kann man darauf pinseln. Mithin ideale Voraussetzungen für eine Karriere als Sammelobjekt hinter Glastüren im Schrank.

Zu Beginn des 18. Jahrhunderts dürfte es gewesen sein, als die ersten Meerschaumpfeifen aufkamen. Doch auch darüber mehr in einem anderen Kapitel.

Vorab jedoch schon eine Episode über diese Pfeifenart: Da gab es in Ungarn den handwerklich sehr geschickten Herrn Karel Kovác, der auch Holzpfeifen schnitzte. Und dann gab es den Grafen Andrássy, dem Rauchgenuss in besonderem Masse zugetan. Der blaublütige Herr, aus dessen Familie im 19. Jahrhundert zahlreiche berühmte und teilweise sogar hervorragende Staatsmänner kamen, brachte von einer Reise durch die Türkei einen grossen Block Meerschaum mit. Der biedere Handwerksmann Kovác erhielt den Auftrag, daraus eine Pfeife zu schnitzen, und wenn's denn ginge, vielleicht auch mehrere. Er tat, wie ihm geheissen. Das Ergebnis muss nachgerade umwerfend gewesen sein. Denn Graf Andrássy pries in seinem europäischen Freundeskreis sein neues Rauchgerät in derart hohen Tönen, dass damit der Siegeszug der Meerschaumpfeife eingeleitet war.

Diese Pfeifen sind in Holz geschnitten und mit Lackmalerei verziert. Wahrscheinlich aus der Mitte des 19. Jahrhunderts.

Als dann 1750 zum erstenmal auf der Leipziger Messe Meerschaumpfeifen ausgestellt wurden, konnte nichts mehr schiefgehen. Woraus wir lernen können, dass geschicktes Marketing mit Schwerpunkt auf Werbung (hier: Mundpropaganda) schon immer Voraussetzung für die erfolgreiche Markteinführung eines neuen Produktes gewesen ist.

Übrigens: Im 18. Jahrhundert kostete eine Meerschaumpfeife zwischen zwei und acht Golddukaten. Die Preisspanne erklärt sich mit den mehr oder weniger aufwendigen Schnitzereien. Ohne alle Schnitzerei nämlich war eine Meerschaumpfeife keine richtige.

Die Pfeifenentwicklung bis zum heute bekannten Produkt verlief seitdem Schritt für Schritt in allen europäischen Ländern ziemlich gleichzeitig. Richtige Höhepunkte hat's nicht mehr gegeben. Und wird es auch in Zukunft kaum geben.

Das Innenleben einer Pfeife

Wie Tabak sich in Geschmack verwandelt

Da halten Sie nun eine hoffentlich wunderschöne Pfeife in der Hand. Gestopft mit würzigem Tabak. Sie zünden Sie an – und haben einen guten, einen angenehmen Gschmack auf der Zunge, im Mund.

So wie eben beschrieben, ist das eine ganz einfache Sache. Nur, der tatsächliche Weg vom Tabak im Pfeifenkopf zum guten Geschmack auf der Zunge ist ein nicht ganz unkomplizierter.

Und um den zu verstehen, soll hier zunächst einmal erklärt werden, wie eine Pfeife denn nun aufgebaut ist, wozu die einzelnen «Bauteile» benötigt werden. Was beim Rauchen in der Pfeife geschieht.

Grob verallgemeinert besteht eine Pfeife aus dem Kopf mit dem Holm und dem Mundstück.

Der Kopf sollte schon ein sehr solider, wenn nicht gar der solideste Teil der Pfeife überhaupt sein. Denn er muss einerseits die in ihm entstehende Hitze (so um die 800 Grad) aushalten und andererseits noch Feuchtigkeit aufnehmen.

Die Kohleschicht, die Kruste im Pfeifenkopf, hilft dem Holz, die Hitze zu ertragen und die Feuchtigkeit, das Kondensat aufzunehmen und zu verarbeiten.

Auf den Boden des Kopfes trifft die Bohrung. Unbedingt waagrecht, weil sonst der Tabak nur sehr schwer, in Extremfällen gar nicht verbrennen kann.

Die Verlängerung, die Fortsetzung des Kopfes, in der sich die Bohrung befindet, heisst Pfeifenholm. Er ist durch einen Zapfen mit dem Mundstück verbunden. Das heisst genauer: Der Zapfen hängt am Mundstück, ist Bestandteil von ihm und wird in den Holm eingedreht. Dieses Mundstück besteht (noch) fast immer aus Parakautschuk, einem natürlichen Stoff, der sich zwar zu allen möglichen Formen verarbeiten lässt, anschliessend aber stabil bleibt und dennoch kaum jemals an Elastizität und Struktur verliert.

Das Ende des Mundstückes heisst Biss. Ganz grob lassen sich zwei Formen unterscheiden: das Schlitzbiss- und das Lippenbissmundstück.

Beim Schlitzbiss gelangt der Rauch in breitem Strom direkt auf die Zunge. Was Probleme bereiten kann. Bei Leuten nämlich, die eine sehr empfindliche Zunge haben. Das sollten Sie aber eigentlich selbst wissen: durch Ihre Reaktionen auf heisse oder kalte Speisen zum Beispiel oder auf

Gewürze. Für empfindliche Zungen empfiehlt sich deshalb das Lippenbissmundstück. Es leitet den Rauch gegen den Gaumen.

Holm und Mundstück ergeben zusammen den Rauchkanal. Je länger der ist, desto kühler lässt es sich rauchen. Das heisst, desto kühler kommt der Rauch auf der Zunge an. Was verständlich ist, denn Wege kühlen ab.

Um jetzt allerdings aus den bisherigen Details den Tabak in Geschmack zu verwandeln, muss die Pfeife grundsätzlich gut sein, der Tabak auch und der Raucher ebenfalls, wenn möglich. Die beste Pfeife bringt nichts, wenn der Benutzer damit nicht umgehen kann; ein Rauch-Profi kann auch aus einer schlechten Pfeife kein gutes Geschmacksergebnis herausholen. Und der Tabak... nun ja, das ist wohl wirklich reine Geschmacksache.

Zurück zum Innenleben einer Pfeife und zu dem, was darin so alles passiert. – Darin passiert nämlich ein physikalischer Vorgang, der sich so beschreiben lässt: Tabak verglimmt bei hohen Temperaturen. Die steigen noch mit zunehmender Sauerstoffzufuhr. Und die wiederum wird um so grösser, je heftiger der Raucher zieht. Das also ist der Knackpunkt. Und so lautet denn eine Grundregel des Pfeifenrauchens: Nur wer langsam und gleichmässig zieht, kann kühl rauchen.

Die – wie auch immer – hohen Temperaturen wirken auf das Holz des Pfeifenkopfes ein, und es entsteht Feuchtigkeit, die wiederum von der Temperatur abhängig ist: viel Temperatur = viel Feuchtigkeit.

Aus zwei Grundbestandteilen setzt sich diese Feuchtigkeit zusammen: Erstens aus der natürlichen Feuchtigkeit, die in jedem Tabak vorhanden ist, mal weniger, mal mehr. Und zweitens aus der Feuchtigkeit, die bei hohen Temperaturen aus der Luft entweicht. Wenn Holz und Feuchtigkeit aufeinanderprallen, geht das nie sonderlich gut aus (es sei denn, Sie imprägnieren das Holz, was aber bei robusten Gartenzäunen oder so mehr zu empfehlen ist als bei edlen Pfeifen). Die bereits erwähnte Kohlenschicht, die Kruste im Innern der Pfeife, kann nur einen begrenzten Teil des Kondensates aufnehmen. Fazit: Der Raucher darf erst gar nicht zu viel Feuchtigkeit aufkommen lassen. Und das geht nur, wenn er langsam raucht...

Wer schnell raucht, raucht heiss und produziert viel Feuchtigkeit, lautete die Umkehrung des eben Gesagten. Die Pfeife versumpft, was sich – Tabak hin, Tabak her – in jedem Fall nachteilig auf den Geschmack auswirkt. Zudem besteht noch die Gefahr, dass die Pfeife durchbrennt.

Wenig produziertes Kondensat wird jedoch von der Kruste aufgenommen, der verbleibende Rest vom Holz. Dieser geringe Rest kann dabei freilich keinen Schaden mehr anrichten.

Wer schon länger Pfeife raucht und mehrere davon in ständigem Gebrauch hat, wird folgende Behauptung stützen: Ein und derselbe Tabak kann in verschiedenen Pfeifen unterschiedlich schmecken. Wie das?

Ganz einfach: Das Holz des Pfeifenkopfes wirkt auf den Tabak ein, weil es sein Aroma an diesen abgibt. Denn schon die Kohleschicht, die Kruste im Kopf, wird bei ihrem Entstehen, während ihres Aufbaus vom Aroma des Holzes beeinflusst. Diese Tatsache ist denn auch ein weiterer Grund, möglichst kühl zu rauchen: und zwar von Anfang an. Denn auch Hitze beeinflusst das Holzaroma.

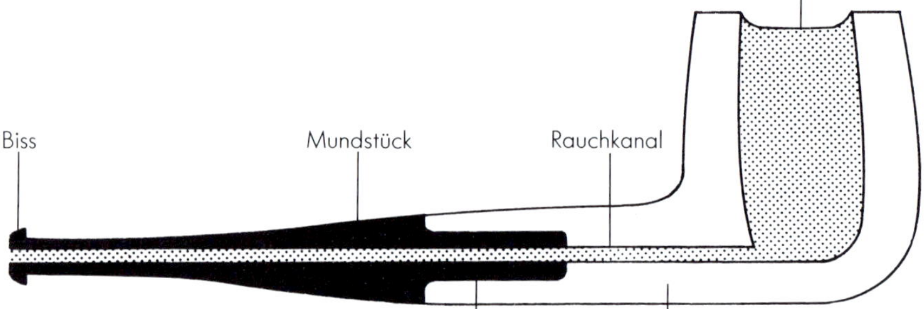

Übrigens: Es soll Pfeifenraucher geben, die in einer Pfeife nur einen ganz bestimmten Tabak rauchen. Damit sich eine ideale Synthese zwischen Holz und Tabak bildet. Aber das ist wohl schon die höhere Mathematik des Pfeifenrauchers schlechthin, eine Art Weltanschauung und für einen normalen Raucher mit einem normalen Einkommen sicher eine Stufe zu hoch.

Nicht mehr wegzudenken aus der Pfeifen-Szene, aus dem Angebot sind die Filterpfeifen. Und die Nachfrage steigt. Nun ist es bekannt, dass es Raucher gibt, die lieber die Pfeife aus ihrem Leben verbannen, als eine solche mit Filter zu rauchen.

Ihre Argumente: unehrlich, verfälscht, geschmacksbeeinflussend und so weiter... Mit Verlaub, ich halte all diese Argumente für dummes Zeug. Besonders das mit dem Geschmack-beeinflussen hat heute keine Gültigkeit mehr. Mag ja sein, dass vor Jahren noch solche Filter in der Überzahl waren, die jedem Tabak ihren eigenen Stempel aufdrückten, es also egal war, welcher Tabak überhaupt geraucht wurde. Heute aber sind Filter fast ausnahmslos geschmacksneutral.

Die Ursprünge des Filterrauchens liegen in den fünfziger Jahren. Damals war (neben Zigaretten, Zigarren, Pfeifen) der «Terry-Report» ebenfalls in aller Munde. Dieses gedruckte und gebündelte Stück wissenschaftlicher Untersuchungen – Original-Titel: «Smoking and Health Report» – machte zum erstenmal auf die leider nicht wegzudiskutierenden negativen Zusammenhänge zwischen Rauchen und Gesundheit aufmerksam. Bis dahin wurden fast ausnahmslos filterlose, weil zumeist selbstgedrehte Zigaretten geraucht. In der Hoffnung, der Filter möge all die Stoffe zurückhalten, die der Gesundheit eines Menschen nicht unbedingt zuträglich sind, begann ein wahrer Filter-Boom. Gesünder rauchen war angesagt.

Was der Zigarette gut tat, konnte der Pfeife natürlich nicht schaden. Im Gegenteil. Zwar hatte es eigentlich seit den Anfängen des Pfeifenrauchens immer mal wieder solche Filter gegeben, jetzt aber stieg die Nachfrage spürbar. Und das auch noch aus zwei Gründen: Einmal um, wie bereits erwähnt, nicht hinter den Zigaretten zurückzustehen. Und dann, weil Pfeifenrauchen schon immer als viel gesünder galt. Und jetzt: Gesunde Pfeifen mit Filter...

Heute werden vorwiegend 9-mm-Filter angeboten, hauptsächlich solche aus Aktivkohle, gefolgt von solchen aus Meerschaum und Silikatgel. Diese kleinen Patronen sollen rund 70 Prozent der Schadstoffe zurückhalten. Behaupten die Hersteller.

Ein weiterer Vorteil: Die sogenannten gesossten Tabake, die mit einem Zusatzstoff aromatisierten, sind im Vormarsch, unaufhaltsam. Leider haben sie den Nachteil, dass sie auch mehr Kondensat – Sosse – produzieren als echte, naturbelassene Tabake. Ohne Filter würde die Sosse den

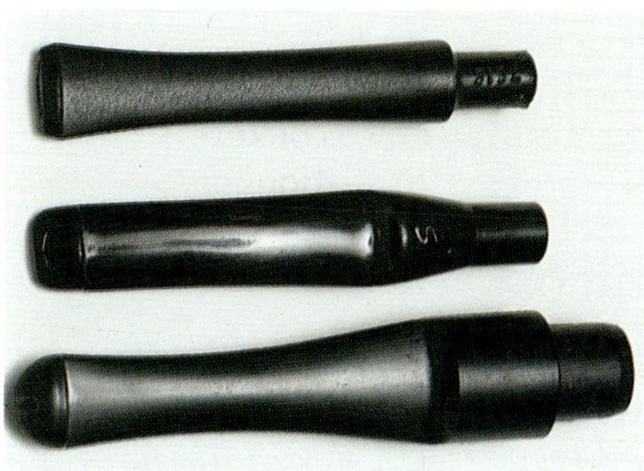

Schlitzbiss- und zwei unterschiedliche Lippenbiss-Mundstücke.

Filter werden in einer Vielzahl angeboten: in 9- und 6-mm-Grösse

Tabakgeschmack auf der Zunge des Rauchers doch sehr beeinflussen, negativ natürlich.

Achten Sie beim Kauf einer Filterpfeife unbedingt darauf, dass die Bohrung in Mundstück und Holm geringfügig grösser ist als der Filter, er also ein minimales Spiel hat.

Und benutzen Sie jeden Filter nur einmal. Wenn Sie sich so ein Ding nach Gebrauch genauer angesehen haben, werden Sie diesen Ratschlag ohne weitere Erklärungen verstehen.

Eine 9-mm-Bohrung erfordert zwangsläufig auch eine insgesamt grössere Pfeife, weil sonst die Proportionen, die Grössenverhältnisse zueinander nicht mehr stimmen würden. Grosse Pfeifen, giants, aber sind nicht jedermanns Geschmack. Ausweg: die 6-mm-Bohrung.

Nun könnte man ja annehmen, dass alles Positive, das für die 9-mm-Filter gilt, auch bei der kleinen Schwester Anwendung finden könnte. Leider ist dem nicht so. Denn ganz offensichtlich drücken die fehlenden drei Millimeter den Inhalt der Filterpatrone so zusammen, oder pressen ihn gar, dass Zugprobleme oft auftreten können. Das kann sogar so weit führen, dass sich der Verschluss des Filters löst und dessen Inhalt sich in der Pfeife verteilt.

Für beide Bohrungen gibt es Filter, nein, besser: Einlagen aus Balsaholz. Die sind auch ganz empfehlenswert, weil Balsa eine sehr gute, geschmacklich gute, Verbindung mit dem Tabakaroma eingeht. Aber: Sie sollten eine Pfeife nach dem Rauchen mit einer Balsaeinlage noch länger abkühlen lassen als eine gewöhnliche Pfeife schon ohnehin. Denn das Holz hat sich durch die Feuchtigkeit ausgedehnt und lässt sich zunächst nur schwer und keineswegs appetitlich aus dem Mundstück herausziehen.

Gute Pfeifenhersteller bieten für ihre Produkte mit Filterbohrung einen Adapter an, der den Rauchkanal wieder auf den üblichen Durchmesser reduziert.

Bleiben noch die Papierfilter zu erwähnen. Es gibt sie in den Grössen 1 bis 5, wobei die Grösse 1 dem 9-mm-Filter entspricht, die Grösse 5 hingegen so klein ist, dass sie fast immer den Rauchkanal verstopft.

Papierfilter können gut sein für Leute, die am Anfang ihrer Pfeifenkarriere stehen und noch nicht vollkommen trocken rauchen. Das aufgerollte Papier saugt nämlich eine Menge Feuchtigkeit auf. Wer allerdings mal einen vollgesogen-feuchten Papierfilter zwischen den Fingern gehabt hat und ihn sich näher betrachtete, der wird zukünftig kaum noch bereit sein, das Wort Ästhetik als einen relativen Begriff zu betrachten.

Wenn Pfeifenraucher leuchtende Augen bekommen

Straight Grains, Birds Eyes, Meerschaumpfeifen

Ist ja schon gut, ich weiss auch, dass eines dieser Wörter in der Unterzeile zur Überschrift nicht zu den beiden anderen passt. Dass es so klingt, als würde man Kohl, Möhren und Aale zusammenfassen.

Ausserdem: Straight Grains und Birds Eyes stehen für Äusseres, sie erklären dem Kenner das Aussehen, die Schönheit einer Pfeife. Meerschaum hingegen sagt etwas über den Rauchgenuss aus, in erster Linie. Und dann über die Optik.

Und dennoch haben die drei Begriffe etwas gemeinsam (neben der Tatsache, dass es Pfeifen sind!): Es sind Reizwörter für jeden Raucher, Reizwörter, die Genuss und Schönheit, die das Absolute des Pfeifenrauchens auf sich vereinigen.

Straight Grains und Birds Eyes lassen sich recht schnörkellos und einfach erklären. Und Sie müssen dann diese Erklärung mit Ihrer Phantasie ausmalen, sozusagen mit Leben erfüllen.

Straight Grains bedeutet eine senkrechte, gleichmässige, dichte, absolut perfekte Maserung des Pfeifenkopfes. Und sollte sich diese Maserung dann gar noch ebenso perfekt bis zum Holm hinziehen, dann ist das das Grösste überhaupt. So weit, so gut. Nur, wirklich perfekte Straight Grains kommen nur sehr selten vor. Oft ist unter vielen tausend Holzblökken kein einziges Stück dabei, das sich zu so einer mustergültigen Pfeife verarbeiten liesse. Und auch, was noch auf den ersten Blick so vielversprechend aussah, kann beim zweiten Hinsehen doch mit einem noch so kleinen Fehler behaftet sein. Und aus ist es mit dem Straight-Grains-Traum.

Es ist daher nur logisch, dass solche Wunderpfeifen häufig auch Wunderpreise erzielen. Einige tausend Mark werden nicht selten dafür verlangt und ebenso selbstverständlich auch bezahlt. Obwohl, und das sollte hier doch einmal klar und deutlich ausgesprochen werden: Auch die schönste Maserung hat keinen Einfluss auf den Geschmack. Der ist völlig unabhängig von jedem Preis...

Genauso gesucht und begehrt sind die Birds Eyes. Diese Bruyère-Maserung kommt vielleicht noch seltener vor als die Straight Grains. Ihre kleinen Kreise mit mehreren Ringen erinnern an Vogelaugen, an Birds Eyes eben. Natürlich beeinflusst auch hier eine einwandfreie Maserung den Geschmack nicht. Aber sie beeinflusst ohne Zweifel das menschliche Auge.

Cross-Grain-Pfeifen sind sozusagen eine Kombination aus Straight Grains und Birds Eyes. Das Nonplusultra schlechthin.

Bleibt das Reizwort Meerschaumpfeife, von vielen Rauchern als «Königin der Pfeifen» bezeichnet. Niemand, der nicht eine solche Pfeife in seiner Sammlung hat, darf für sich in Anspruch nehmen, ein echter, ein wirklicher Pfeifenfreund und -raucher zu sein.

Pfeifen aus Bruyère haben immer noch einen gewissen Eigengeschmack, der sich trefflich mit dem Tabak verbindet. Meerschaumpfeifen hingegen sind neutral. Sie rauchen sich kühl und trocken wie andere kaum, der pure Geschmack eines jeden Tabaks kommt voll und ganz zur Geltung.

Meerschaumpfeifen haben ein geringes Gewicht. Ihre Lebensdauer ist unbegrenzt, leider nur theoretisch. Denn wenn man sie fallen lässt, sollte man sich nach einer Nachfolgerin umsehen. Diese Pfeifen nämlich zersplittern fast immer in zahllose Einzelteile, die nie wieder zusammengefügt werden können.

Eine Meerschaumpfeife lässt sich nicht nur vorzüglich rauchen, sie schmeckt nicht nur hervorragend, sie kann auch zu einem wahren Schmuckstück heranreifen. Dann nämlich, wenn sich mit der Zeit und nach häufigem Gebrauch eine gleichmässig satte und dunkle Tönung (oder Verfärbung) über den Kopf breit gemacht hat.

Das Wort Meerschaum(pfeife) hat weder etwas mit dem Meer noch mit Schaum zu tun. Es leitet sich vielmehr aus dem levantinischen «Mertschcavon» ab, das für europäische Zungen aber zu kompliziert ist und deshalb vereinfacht wurde.

Meerschaum ist ein Magnesiumsilicat, bestehend aus Kiesel- und Bittererde und Wasser. Er kommt in Anatolien vor – das ist der wertvolle – und in Tansania, der ist minderwertiger. Der Abbau geschieht aus einer Tiefe von bis zu 80 Metern sehr häufig auf eine recht primitive Art per Hand und so. Im Urzustand ist Meerschaum weich und fettig, er härtet durch Trocknen, kann aber durch Wassereinwirkung wieder geweicht werden und lässt sich deshalb problemlos bearbeiten. Echte Meerschaumpfeifen sind immer aus einem Block gearbeitet.

Der Stoff ist porös und somit äusserst saugfähig. Das kommt natürlich dem trockenen Rauchen sehr zugute, bedeutet aber andererseits, dass eine Meerschaumpfeife nach dem Gebrauch lange trocknen muss. Andernfalls kann sie versumpfen, was deutlich zu riechen ist.

Bildschöne Meerschaumpfeife in Form eines gebogenen Steckers (von Peterson).

Straight Grains in Vollendung. Aber solche erlesenen Stücke haben auch ihren Preis.

Etwas anders ist der Meerschaum aus Tansania, Amboseli genannt. Er hat eine weniger feine Struktur als der türkische und ist auch schwerer. Er wird grundsätzlich in einem Grauton angeboten, was manche europäischen Hersteller dazu veranlasst, ihn gründlich einzufärben. Schwarz zum Beispiel oder gar grün. Es ist eben alles reine Geschmackssache... Seit einiger Zeit gibt es auch sandgestrahlte Amboseli-Meerschaumpfeifen, die zwangsläufig leichter sind als die glatten Vertreter.

Und dann gibt es noch die Pfeifen aus dem berühmt-berüchtigten «Wiener Meerschaum». Eine ziemlich üble Sache, eine Irreführung, denn Wiener Meerschaum besteht aus den gemahlenen Resten des Block-Meerschaums, vermischt mit Bindemitteln und ähnlichem Zeugs, zusammengekocht und zu Pfeifen endverarbeitet. Eine solche Pfeife ist natürlich nicht porös, kann keine Feuchtigkeit aufnehmen, nicht richtig atmen, und sie ist schwer. Ihre gesamten Raucheigenschaften reichen in keiner Hinsicht an die einer echten Meerschaumpfeife heran.

Der Name «Wiener Meerschaum» ist natürlich kein schlechter, assoziiert er doch eine Verbindung zu den berühmten und sehr empfehlenswerten in Wien produzierten Pfeifen aus Blockmeerschaum.

Aussensenseiter

Mit neuen Materialien zu neuen Genüssen?

Alles entwickelt sich weiter. Zum Teil in einem Mass, in einem Tempo, dass es für uns Menschen kaum noch vorstellbar ist, würden wir es nicht mit eigenen Augen sehen, mit eigenen Sinnen miterleben.

Lassen Sie zum Beispiel mal die Entwicklung des Fliegens Revue passieren. Von Ikarus' ersten Versuchen bis hin zu den Raumfähren, die der moderne Mensch heutiger Prägung ja schon als etwas ganz Selbstverständliches ansieht. Kaum vorstellbar . . .

Es lässt sich reinen Gewissens behaupten, die Entwicklung der Pfeifen hinkt da hinterher. Gut, heutige Formen muten geradezu revolutionär an, vergleicht man sie mal mit denen, die vor zwanzig, dreissig Jahren modern waren. Und der eine oder andere free hand-maker wird mit Sicherheit auch morgen oder übermorgen wieder eine Pfeife kreieren, die die heutigen als altmodisch erscheinen lässt.

Aber sonst? Kaum etwas, was man als echte Weiterentwicklung (als Innovation?) bezeichnen könnte.

Zwar gibt es immer und überall Versuche, zum Beispiel Bruyère-Abfälle zu mahlen, ein Bindemittel (einen Klebstoff; ähnliches) hinzuzufügen und daraus neue Pfeifen zu machen. Alle nur erdenklichen äusseren Formen sind natürlich machbar. Nur: Die Dinger lassen sich nicht rauchen, sie schmecken einfach nicht. Das macht, weil das Holz (ist es denn überhaupt noch Holz?) keine Verbindung mit dem Tabak eingeht. Zumindest geschmacklich keine solche, die der zwischen echtem, natürlichem Bruyère und Tabak auch nur annähernd vergleichbar wäre.

Und eben das können andere Stoffe auch nicht, zumindest zur Zeit noch nicht. Es wurde schon experimentiert mit Kunststoff, Glas, Metall. Die Ergebnisse: niederschmetternd.

Apropos Metall. Ein Modell aus diesem Material hat dennoch Eingang in die Fachgeschäfte gefunden: das Rauchgerät von Ferdinand Alexander Porsche.

Nun soll ja keineswegs geleugnet werden, dass dieser Mann sich eine Menge Meriten auf dem Gebiet des Modern Design erworben hat. Seine Sonnenbrillen, Uhren, Lederwaren sind (fast) immer anders als die anderen – aber häufig funktioneller, gebrauchsfreundlicher. Und – notabene – teurer. Sein Porsche 911 bedarf sicher keines Kommentars.

Ferdinand Alexander Porsche ist Pfeifenraucher wie viele Designer. Da war es wohl nicht zu vermeiden, dass er Hand an die Pfeifen legen musste. Die Frage sei erlaubt: um eine wirklich neue, gute Pfeife zu machen?

Wie dem auch sei, herausgekommen ist ein Rauchgerät von beispielhaft avantgardistischer Form, ein ästhetischer Genuss fürs Auge.

Aber auch ein Genuss für die Geschmacksnerven? Die Firma Oldenkott, die die Porsche-Pfeifen im Programm hat, behauptet das nachdrücklich; natürlich. Der Porsche-Pfeifenkopf ist ein Gebilde aus eloxiertem Aluminium mit integriertem Kühlrippensystem, Assoziationen zum Motor eines Autos (eines Porsches?) lassen sich nicht vermeiden. Diese kühne Konstruktion soll kühles Rauchen garantieren.

Ich gestehe, dieser Part zum Thema Porsche-Pfeife ist von meiner Sicht aus ein theoretischer. Ich kann mich nicht dazu überwinden, die dreihundert Mark für etwas auszugeben, bei dem ich berechtigte Zweifel habe, ob es mir tatsächlich schmecken wird. Für richtige Pfeifen kann ich allerdings noch mehr als dreihundert Mark ausgeben ...

Verlassen wir mal die neuen Materialien und wenden wir uns den Aussenseitern zu, die seit langem ihren Stammplatz im Leben vieler Pfeifenraucher haben.

Da sind zunächst einmal die Systempfeifen. Ihr Kopf besteht aus Bruyère, der in eine Metallpfanne geschraubt wird. Der Holm ist ein Metallrohr, ein häufig gedrehter, geriffelter Metallstiel, der nicht selten zwischen zwei Metallstäben liegt, die lediglich der Stabilisierung dienen. Sinn dieses Aussenseiters ist es, das Rauchkondensat in der Metallpfanne zu sammeln, aufzufangen. Und das klappt sogar. Ausserdem kühlt der Rauch auf dem Weg durch den geriffelten Stiel zum Mundstück erheblich ab. Ergebnis: Mit System-Pfeifen lässt sich tatsächlich kühl und trocken rauchen.

Von ganz anderer Art sind die sogenannten Maiskolben-Pfeifen, auch «Missouri-Meerschaum» genannt, ein Begriff, der viele Raucher irritiert, irritieren muss. Maiskolben-Pfeifen sind typisch amerikanisch, dort drüben heissen sie «Corn Cobs», mit Meerschaum haben sie allerdings nichts zu tun.

Maiskolben-Pfeifen werden aus der speziell dafür gezüchteten und angebauten Sorte «Collier Seed» gemacht. Die Kolben trocknen rund zwei Jahre und werden dann in kleine Stücke geschnitten. In die Aussenhaut kommt eine Gipsmasse, die nach dem Schleifen eine einigermassen glatte Oberfläche gewährleistet. Das Mark wird herausgebohrt, der Holm eingeleimt, das Mundstück eingepasst. Fertig ist eine Pfeife, die hierzulande so zwischen fünf und zehn Mark kostet.

Auch Tonpfeifen sind preiswert, um das Wort «billig» mal zu umgehen. Sie bestehen zumeist aus weissem, reinem Ton, in einem Stück gebrannt. Besonders dann, wenn sie einen sehr langen Hals haben, bieten sie einen guten Rauchgenuss. Sie müssen überdies nicht eingeraucht werden, auf welche Art und Weise auch immer.

Leider haben Tonpfeifen zwei Nachteile: Zum einen werden sie fast unanständig heiss, das heisst, sie lassen sich nicht mehr in der Hand halten. Zum anderen vermittelt der Ton auf den Lippen und besonders auf der Zunge ein sehr unangenehmes Gefühl.

Und dennoch: Jeder Pfeifenraucher sollte schon ein paar von diesen Dingern auf Vorrat haben. Neuer Tabak lässt sich damit trefflich probieren. Und gute Gästepfeifen sind's allemal.

Noch ein Aussenseiter: die Calabashpfeife. Sie hat einen grossen, trompetenförmigen Kopf mit Meerschaumeinsatz, ihre Form ist immer die eines Hängers, sie ist mithin gebogen.

Kaum eine andere Pfeife lässt sich so angenehm kühl rauchen wie eine Calabash. Der Grund: Zwischen Meerschaumeinsatz und Aussenwand des Kopfes gibt es einen Zwischenraum, und der kühlt.

Diese Pfeifen werden aus der afrikanischen Kürbisgurke hergestellt. Weil sie jedoch so gross sind, sind sie zwangsläufig etwas unhandlich.

Traum vieler Raucher ist die Wasserpfeife, die Nargileh. Ein wirklich toll anzusehendes Gerät, wenn es nur so rumsteht, im Schrank beispielsweise. Denn ihr Gebrauchswert ist nur ein ganz geringer.

Eine Nargileh funktioniert so: Vom Pfeifenkopf aus führt ein Rohr ins – oft parfümierte – Wasser. Mit einem zweiten Rohr wird durch Saugen ein Vakuum erzeugt, das wiederum den glimmenden Zug auf den Tabak auslöst. Vereinfacht ausgedrückt.

Weil der Rauch durch das kühle Wasser führt, bleibt er auch kühl bzw. wird abgekühlt, ein wahrer Rauchgenuss.

Und dennoch von geringem Gebrauchswert? Ja. Denn: So eine Wasserpfeife muss aufgebaut, regelrecht installiert werden. Sie steht immer, auf einem Tisch etwa, ersatzweise auf dem Fussboden. Der Raucher liegt oder sitzt, grundsätzlich. Oder haben Sie schon mal einen Nargileh-Raucher gesehen, zum Beispiel auf einer Zeichnung zu einem 1001-Nacht-Märchen, der steht? So etwas ist schlicht undenkbar.

Aber selbst, wenn Sie die innenarchitektonischen Voraussetzungen

Gebogene und gerade Systempfeife (von Falcon). Auf die Kondensatpfanne lassen sich Köpfe unterschiedlichster Formen schrauben.

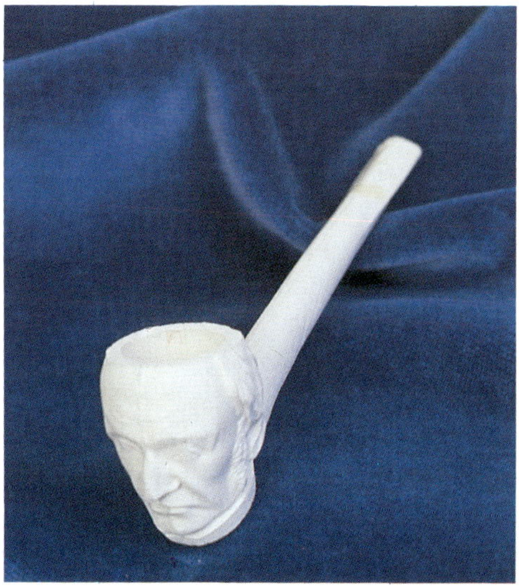

Tonpfeifen bieten keinen sehr langen Rauchgenuss, dafür sind sie aber preiswert und völlig unproblematisch:
ideal als Probier- und Gästepfeifen.

Maiskolbenpfeifen geniessen hierzulande keinen besonders guten Ruf. In ihrer Heimat, in den USA, hingegen sind sie ein äusserst beliebtes Rauchgerät.

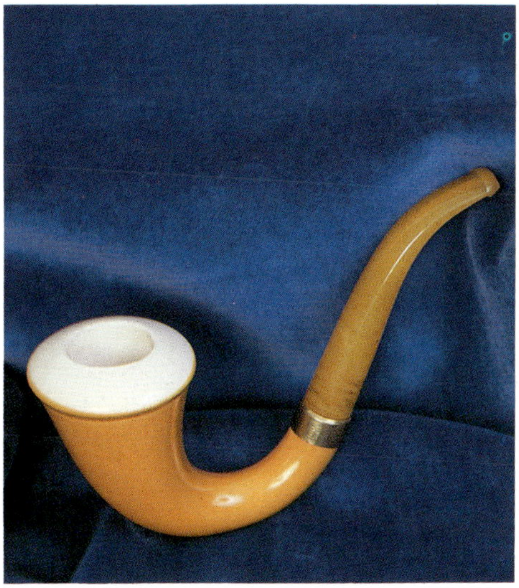

Die Calabashpfeife wird aus der afrikanischen Kürbisgurke hergestellt. Wegen ihrer Grösse ist sie mehr eine gemütliche Zu-Hause-Pfeife.

in Ihrer Wohnung schaffen könnten, dann müssten Sie noch zwei erhebliche Hindernisse überwinden: Wie schon gesagt, ist das Wasser zumeist parfümiert, mit Ölen, die Sie bei uns wohl nirgendwo kaufen können. Und zweitens wird der Tabak mit einem aufgelegten, glühenden Kohlestück passender Grösse am Glimmen gehalten. Wie wollen Sie denn das machen?

Wenn Sie mir nicht glauben, fragen Sie mal Ihren Fachhändler nach Parfüm und Kohlestück. Der Mann wird Sie auslachen.

Trotzdem: Sollten Sie irgendwo eine Nargileh bekommen können, greifen Sie zu. Schmuckstücke tun jeder Wohnung wohl.

Namen und Marken

Berühmte Pfeifenhersteller

Wer kennt die Marken, weiss die Namen …? Niemand wahrscheinlich. Denn selbst für die absoluten Pfeifen-Freaks dürfte es kaum möglich sein, alle Pfeifenhersteller dieser Welt zu kennen. Zum einen gibt es zu viele. Zum anderen muss auch in dieser Branche schon heute nicht mehr Klang und Namen haben, was gestern noch in aller Munde war – im wahrsten Sinne des Wortes. Kleine Firmen gehen ein, werden von grösseren geschluckt. Und wer viel Glück hat, von dem bleibt wenigstens noch der oft gute alte Markenname erhalten. Muss aber auch nicht. Warum auch sollte in diesem Wirtschaftszweig nach anderen Gesetzen gespielt werden als in anderen?

Deshalb sollen hier auch nur die bekanntesten, die wichtigsten Namen und Marken erwähnt werden. Die, die dem passionierten Pfeifenraucher sozusagen auf der Zunge zergehen; die, die er unbedingt besitzen möchte, für die er gern einen anderen Wunsch unerfüllt lässt; die, für die er im Urlaub oder anlässlich einer Geschäftsreise sogar einen Umweg in Kauf nimmt. Um dann direkt und vor Ort auszuwählen und zu kaufen.

Und deswegen sind hier auch nur Europäer aufgezählt, kleine und grössere Firmen – und «Einzelkämpfer», dass heisst Männer und eine Frau (!), die nicht auf einen mehr oder weniger gewaltigen Produktionsbetrieb zurückgreifen können oder wollen. Sondern die nur so viele Pfeifen machen, wie sie es schaffen.

Noch einmal: Diese Liste erhebt keinen Anspruch auf Vollständigkeit. Sie ist vielmehr ein kleiner Leitfaden (in den natürlich auch persönliche Vorlieben eingeflossen sind; denn gerade Pfeifenrauchen gehört noch zu den wenigen verbliebenen persönlichen und somit subjektiven Aspekten unseres Lebens).

Andersen: In der Stroget, Kopenhagens berühmter Einkaufsstrasse, steht das «Center of Danish Pipes». Und dort gibt es Pfeifen von Eric Andersen: ein umfangreiches Angebot, in dem die wirklich exzellenten Formen klar überwiegen. Preise: für den Normalverbraucher gerade noch erschwinglich.

Svend Bang: Ein Mann, der sich grösste Verdienste um die dänischen free hands erworben hat. Die ausgesprochenen Spitzenmodelle haben Maserungen, für die Liebhaber (fast) jeden Preis bezahlen.

Rainer Barbi: Siehe Extra-Kapitel.

Bari: Fast alle Modelle dieser dänischen Marke werden in Serie produziert, was der Qualität keineswegs schadet: Sie haben alle durchweg angenehme Raucheigenschaften. Vorteil des erstaunlich umfangreichen Sortiments: Jeder Raucher findet mit Sicherheit die Pfeife, die zu ihm passt, die auf seine Wünsche, Vorstellungen und Bedürfnisse abgestimmt ist. Es gibt aber auch Baris, die höchst individuell gestaltet sind und mit Serie kaum noch etwas zu tun haben.

Butz-Choquin: Französischer Gemischtwaren-Laden im positiven Sinn: Im grossen Angebot befinden sich so ziemlich alle klassischen Modelle, einen kleinen Schwerpunkt bilden jedoch die grossen handfesten Pfeifen, die sogenannten giants. Ihrer aller Aussehen ist eher als konservativ zu bezeichnen, die Verarbeitung uneingeschränkt ordentlich. Es gibt viele Modelle mit naturbelassenen Köpfen. Die Preise passen sich dem grossen Angebot an.

Charatan: Liebhaber vergleichen diese englische Marke durchaus mit Dunhill. Verständlich: Charatan ist eine Dunhill-Tochter. Im Angebot sind ebenso klassische Formen wie individuell gestaltete Einzelstücke. Und giants, die übergrossen Pfeifen, sind eine ausgesprochene Spezialität des Hauses.

Chacom: Franzose mit sehr umfangreichem Angebot, das so ziemlich alle Formen und Arten umfasst. Daneben gibt es aber auch ganz exquisite Modelle mit hervorragendem Ausgangsmaterial. Ebenfalls empfehlenswert: die free hands.

Jess Chonowitsch: Berühmter und begehrter free handler, Sohn von Emile. Jess bevorzugt moderne Formen, er produziert pro Jahr nur selten mehr als 200 Pfeifen. Für seine phantastischen Stücke verlangt (und bekommt!) er bis zu 4500 Mark. Eine «Senior-Chonowitsch» gibt es schon ab 300 Mark.

Denicotea: Deutscher Hersteller, der als Vorkämpfer für die Filterpfeifen bezeichnet werden kann. Und damit sicher auf der Gesundheitswelle schwimmt. Das Angebot umfasst klassische wie moderne Formen. Die Oberflächenbehandlung der Pfeifen nimmt Rücksicht auf alle Käuferwünsche.

Dunhill: Was für viele Autofans der Porsche, ist für die meisten Pfeifenliebhaber die Dunhill. Das weltweit positive Image muss wohl grundsätzlich mit der Qualität identisch sein: Von 100 Ebeauchons werden nur zwei zu Dunhills. 98 genügen den Anforderungen nicht. Dunhills Markenzeichen ist der berühmte weisse Punkt. Schliesslich will der Dunhill-Besitzer auch zeigen, was er investiert hat. Denn billig sind die Dinger natürlich nicht.

Former: Berühmter, fast schon klassischer Däne, der als ausgesprochener Spezialist für wunderschöne free hands gilt. Former-Pfeifen bestechen durch ihre kaum noch zu übertreffende handwerkliche Qualität. Der Meister fertigt nicht mehr als 500 Modelle pro Jahr. Was sein Ansehen und seine Beliebtheit steigert – und die Preise für die einzelne Pfeife. Former hat sich gleichfalls durch seine hervorragenden Meerschaumpfeifen einen Namen gemacht.

Ingo Garbe: Wahrscheinlich der erste namhafte deutsche Pfeifenmacher (der heute auf einer dänischen Insel lebt) ohne grosse Fabrik. Garbe, der als äusserst begabt gilt, bevorzugt klassische Formen, die grundsätzlich von der Maserung diktiert werden. Ergebnis: ausschliesslich Exklusivmodelle. Die Preise sind angepasst exklusiv.

GBD: Marktkenner bezeichnen diese ursprünglich aus Frankreich stammende und jetzt in England beheimatete Firma (gemeinsam mit einigen Töchtern) als grösste der Welt. Angeboten werden alle klassischen ebenso wie supermodernen Formen. Preise und Qualität stehen in einem akzeptablen Verhältnis zueinander. Anders ausgedrückt: Gutes kostet.

Hilson: Marke der niederländischen Firma E. Gubbels. Hilson (früher belgisch) repräsentiert in erster Linie Filterpfeifen, die in einer der modernsten und grössten Fabriken der Welt hergestellt werden. Zweite Marke: Big Ben.

Poul Ilstedt: In der Pfeifenhochburg Svendborg lebt und «erfindet» dieser Mann mit der idealen Kombination aus Genie und handwerklichem Können seine weltweit begehrten free hands, die, gäbe es eine Rangliste, ganz oben angesiedelt wären. Ilstedt betreibt übrigens gemeinsam eine Werkstatt mit dem ebenfalls nicht unbekannten Kai C. Rasmussen.

Sixten Ivarsson: Leider macht dieser formbegnadete dänische Handwerker kaum mehr als 200 free hands im Jahr. Pfeifen-Enthusiasten aus aller Welt stehen bei ihm Schlange, um ein Modell mit der begehrten ringförmigen Gravur «An Ivarsson Product» zu ergattern.

Karl-Heinz Joura: Der frühere Turmspringer, Maschinenschlosser und Sportlehrer beliefert nur exklusive Fachgeschäfte mit seinen exklusiven Modellen. Er verwendet fast ausschliesslich besonders eng gemasertes Bruyère-Holz aus Korsika.

Lacroix: Wer diese französischen Pfeifen ohne Preisschild im Schaufenster sieht, der belässt es nicht selten bei dem Wunsch, ein solches Modell zu besitzen – so edel sehen sie aus. Dabei sind die fast rundweg konservativen Formen in der bevorzugten Farbe Bruyère-Rot durchaus erschwinglich. Merke: Es muss nicht alles teuer sein, was teuer aussieht.

W. Ø. Larsen: Königlich-dänischer Hoflieferant, der sowohl wunderschöne free hands wie auch exzellente Serienpfeifen anbietet. Die Unterschiede sind selbst für Fachleute nur schwer auszumachen. Larsens Preise bewegen sich von unter hundert bis zu einigen tausend Mark. Tochter Anne ist Designerin und Pfeifenraucherin. Sie wird das Unternehmen einmal übernehmen.

Loewe: Britischer Hersteller, der zur Oppenheimer-Gruppe gehört. Das Angebot umfasst so ziemlich alle Formen. Gute Qualität bei annehmbaren Preisen.

Lorenzo: Modernes Design und solide Verarbeitung, das sind die Kriterien, nach denen dieser Italiener seine Pfeifen herstellt. Und das mit viel Erfolg. Viele Lorenzos sind übrigens dunkel gebeizt. In der Produktion gibt es keine Billigware. Aber auch keine überbordenden Spitzen.

Morel: Dass das Wort «Pfeife» durchaus ein Sammelbegriff sein kann – und zwar im allerweitesten Sinn –, das beweist diese französische Firma: Die Formen sind wohl nur noch als «gewagt» zu bezeichnen: extravagante free hands und giants, die durchaus an eine Länge von 40 Zentimetern heranreichen können.

Nørding: Äusserst beliebte Marke, die es sowohl als bildschöne Einzelstücke wie auch in Serie gefertigt gibt – die sich freilich auch durch Eleganz und Qualität auszeichnen.

Bo Nordh: Vom Konditor über den Ingenieur zum Pfeifenbauer... Was zuerst reine Liebhaberei war, ist für den querschnittgelähmten Dänen mittlerweile zum Hauptberuf geworden. Nordh-Freunde schätzen an diesen Pfeifen in erster Linie eine schon ästhetische Eleganz und eine makellose Verarbeitung.

Oldenkott: Deutscher Hersteller mit dem Angebot «himmelhochjauchzend» bis «zu Tode betrübt». Das bedeutet: Oldenkotts gibt es sowohl als sehr preiswerte Massenware wie auch als gehobene Handmade-Pfeifen und ganz exzellente Einzelstücke. Und just in diesem weitgesteckten Rahmen sind auch die Preise angesiedelt.

Orlik: Englische Pfeife mit hohem Qualitätsniveau – also auch nicht ganz billig. Hervorzuheben bei dieser Firma ist – neben den Pfeifen, natürlich – auch das reichhaltige Sortiment an wirklich gutem Zubehör.

Svendborg

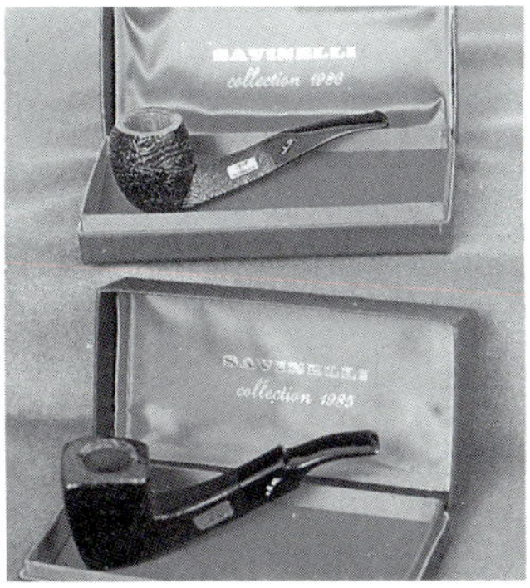

Savinelli

Tao

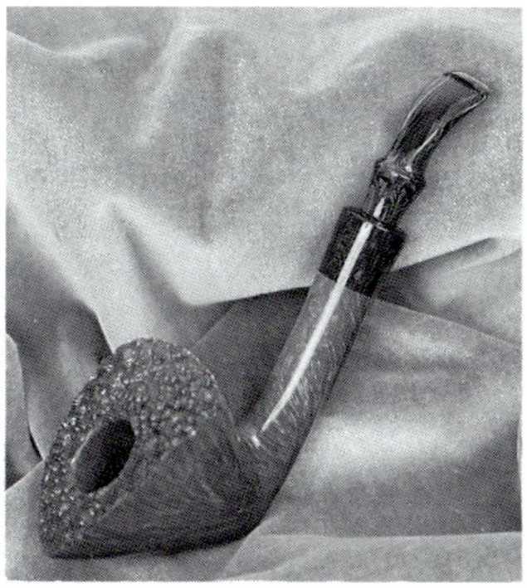

Nørding

Lorenzo

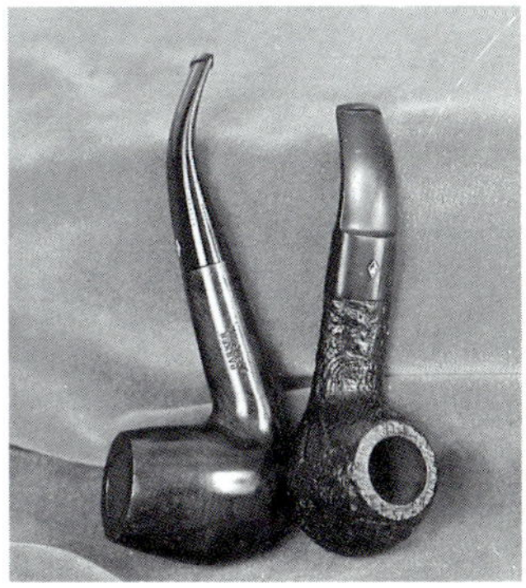

Parker

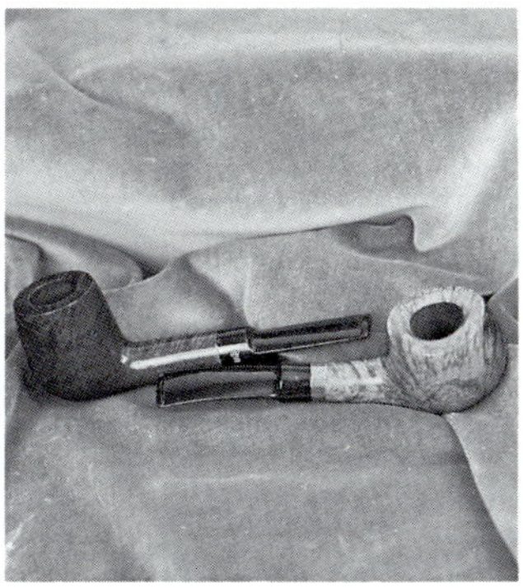

Stanwell

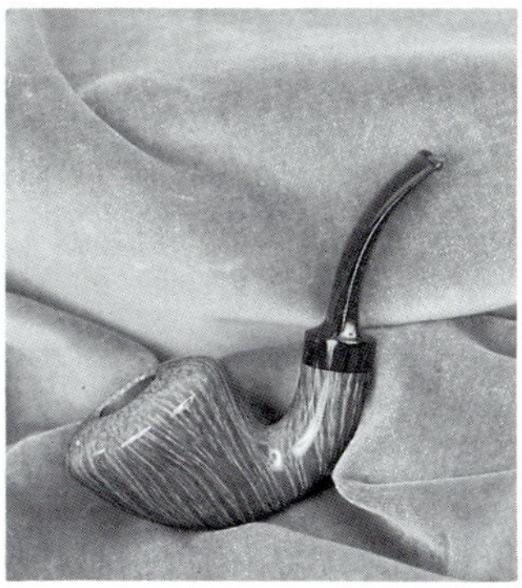

Jess Chonowitsch

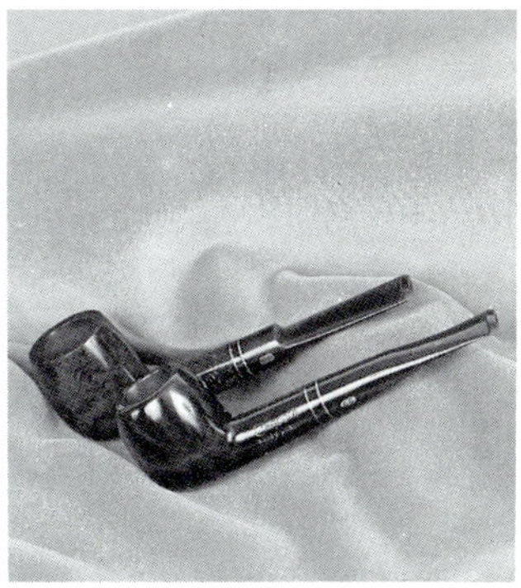

Chacom

Parker: Die englischen Parker sind aus dem Holz geschnitzt, das für Dunhill nicht mehr gut genug war. Was freilich immer noch bedeutet, dass die Pfeifen von ganz hervorragender Qualität sind. Parker-Formen sind vorwiegend klassisch-konservativ und im Preis recht günstig.

Peterson: Wahrscheinlich grösster Pfeifenhersteller Irlands und gleichzeitig einer der grössten der Welt. Der Name Peterson steht für unvergleichliche Hänger, zumeist vom Typ Bent Army. Alle haben das Steckmundstück, den Silberring, den Lippenbiss, der den Rauch gegen den Gaumen leitet. Peterson produziert in Masse, was aber der Qualität keinen Abbruch tut. Akzeptable Preise.

Rasmussen: Anne Julie mit Vornamen heisst die wahrscheinlich einzige weibliche Pfeifenmacherin. Zumindest ist sie die einzige Frau, die es in dieser Männer-Domäne zu Amt und Würden gebracht hat. Frau Rasmussens Modelle lassen sich mit dem Wort «elegant» am besten beschreiben. Besonderen Wert legt sie auf wunderschöne Maserungen. Die Einzelstücke ziert als Markenzeichen ein Punkt: halb rot, halb weiss.

Kai C. Rasmussen: Bekannter Däne, dessen Modelle immer ein wenig ausgefallen sind.

Ropp: Handwerklich gut verarbeitete französische Pfeifen, die sich durchweg hervorragend rauchen lassen. Äusserst günstig im Preis.

Savinelli: Allein schon der Name vergeht auf der Zunge. Dieser Italiener bietet von einfachen und sehr preiswerten Pfeifen bis hin zu den sogenannten Savinelli-Autographs – das sind ganz exklusiv gearbeitete Einzelstücke – alles, was ein Raucher begehrt. Und sein Geldbeutel verkraften kann.

Stanwell: Englischer Name für eine dänische Pfeife. Aber ein guter Name. Stanwell hat es mit viel Geschick und Können geschafft, sich mit einem modernen Angebot einen grossen Liebhaberkreis zu erobern. Untadelig in der Qualität, empfehlenswert im Preis.

Svendborg: Die Pfeifen dieses dänischen Herstellers könnte man als «fast-free hands» bezeichnen. Das heisst, sie sind bis zu einem gewissen Grad maschinell vorproduziert und erhalten dann ihren letzten Schliff mit der Hand. Bei Liebhabern begehrt sind besonders die absoluten Spitzenstücke des Hauses. Sie heissen «Pipe in the block» und werden mit dem Holzblock geliefert, aus dem sie gesägt sind. Als Pfeifenständer.

Tao: Mitbegründer von Svendborg, seit 1981 selbständig. Er macht nur free hands (etwa 300 Stück pro Jahr) mit grundsätzlich handgeschnitztem Mundstück, das neuerdings auch aus Walrosszahn sein kann.

Bo Nordh

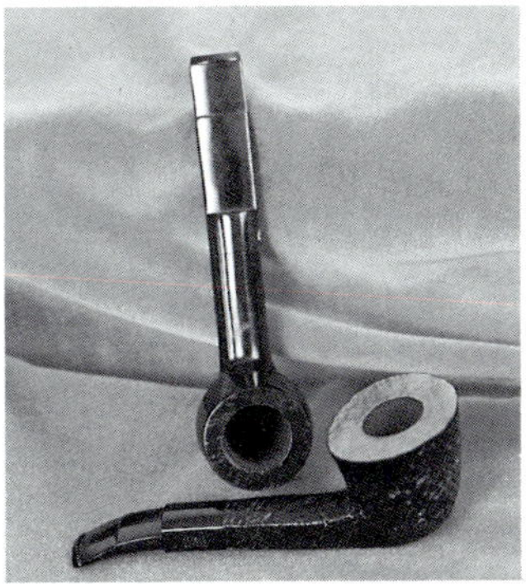
Charatan

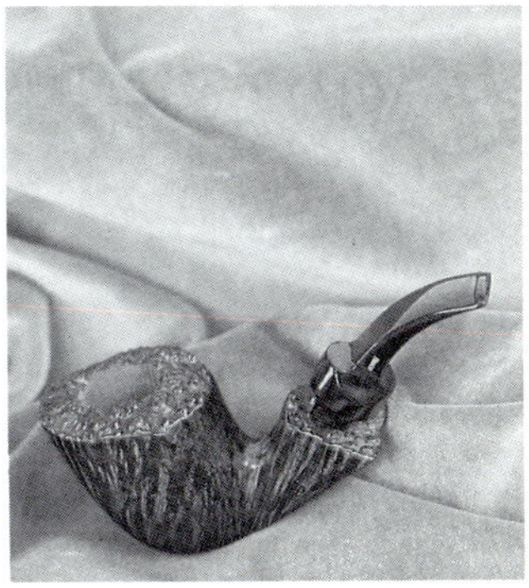
Bari

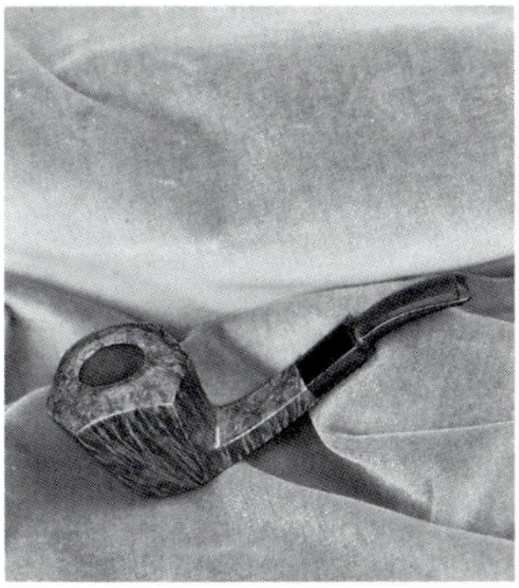
Kai C. Rasmussen

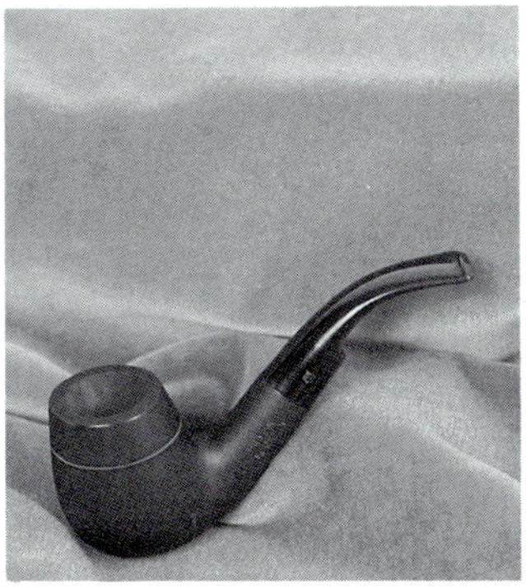
Hilson

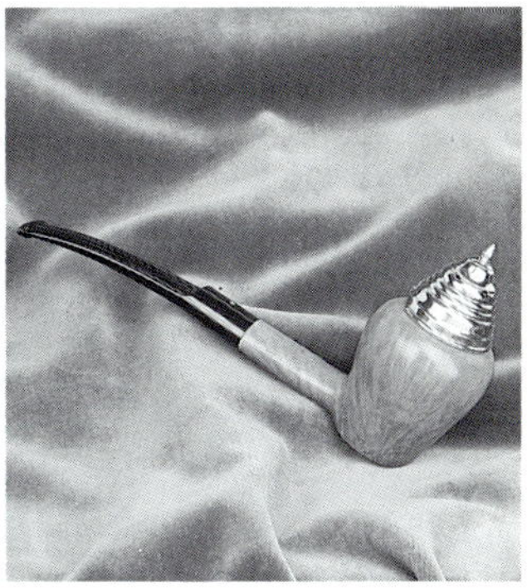
Dunhill-Deckelpfeife

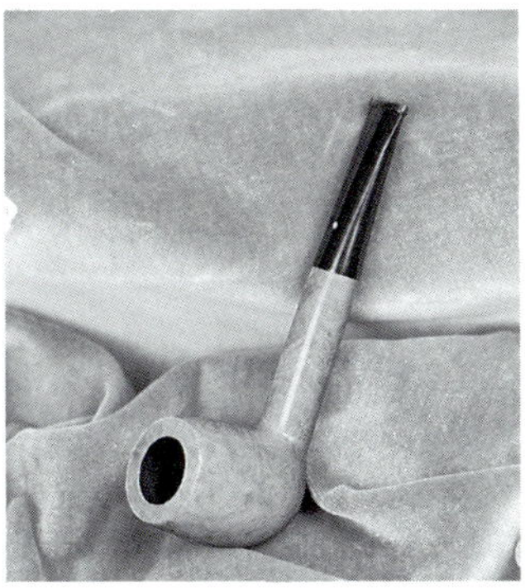
«normale» Dunhill

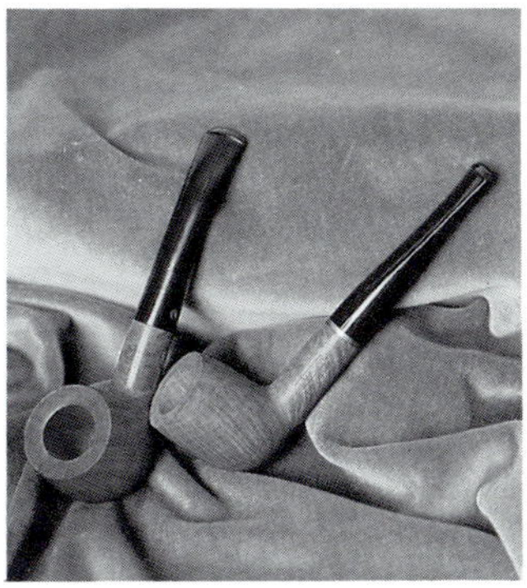
Denicotea

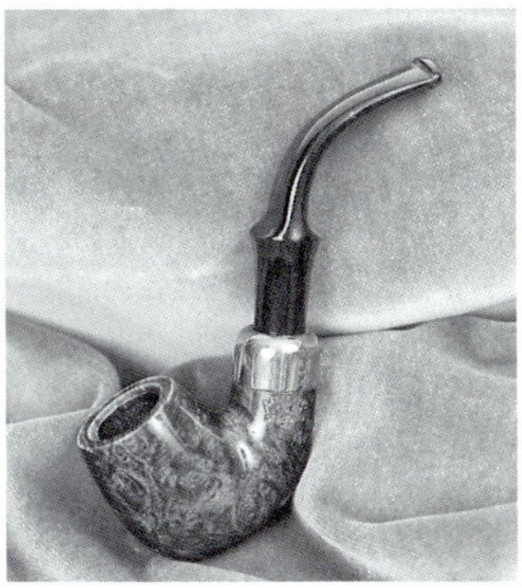
Peterson

Vauen: Diese deutsche Firma hat so ziemlich alle Arten Formen in ihrem Programm. Einen kleinen Schwerpunkt nehmen die besonders grossen Stücke ein. Alle Pfeifen sind mit Filtersystem ausgerüstet. Vauen hat sehr nachdrücklich bewiesen, dass auch Filterpfeifen höchst elegant und gediegen sein können. Erschwingliche Preise.

Ben Wade: Grundsolider Engländer, was eigentlich schon alles über diese Pfeifen aussagt. Klassisch-männlich, meist matt poliert. Anständige Verarbeitung, untadelige Raucheigenschaften: Mittlere Preislage. Grundsätzlich empfehlenswert.

So, das waren nun ein paar Stichwörter zu den charakteristischen Merkmalen und Besonderheiten einiger der bekanntesten Pfeifenhersteller und -macher. Die eine oder andere Kurzbeschreibung mag Ihnen Appetit gemacht haben, Lust, gerade diese und nicht jene Pfeife zu kaufen.

Aber noch einmal: Es wurden hier nur einige ausgewählt, die Liste kann und will keinen Anspruch auf Vollständigkeit erheben. Und: Die Beschreibungen sind subjektiv. Was für den einen gross ist, kann für den anderen von kleiner Dimension sein. Was der eine als elegant, formschön empfindet, betrachtet der andere als Grund zum Grausen...

Wenn jetzt als eine Art Schlusswort zu diesem Kapitel zusätzlich eine Länder-Gesamtcharakteristik folgt, dann geschieht das, weil eigentlich jedes Pfeifenland bei seiner Produktion eine ganz bestimmte Richtung verfolgt, vielleicht sogar einen Trend. Wobei dahingestellt sein soll, ob diese Generallinie beabsichtigt ist, geplant, oder ob sie sich mit der Zeit so und nicht anders herauskristallisiert hat.

Dänemark: Künstlerisches Talent, Kreativität und perfektes handwerkliches Können zeichnen eine Pfeife made in Danmark aus. Sogar die Serienpfeifen haben fast immer noch einen Hauch von Exklusivität. Was zwar von der Sache, dem Herstellungsprozess mithin, her gar nicht möglich ist. Aber es scheint eben so. Was früher England war, ist etwa seit den sechziger Jahren Dänemark, nur eleganter. Die steigenden Exportzahlen und die geradezu schwärmerischen Aussagen der Pfeifenraucher aller Herren Länder beweisen das. «Skandinavisches Design» ist kein theoretisches Schlagwort.

Deutschland: Die ganze Pfeifenindustrie verfügt über eine lange Erfahrung. Und zusätzlich über ein spezielles Know-how bei der Herstellung von Filterpfeifen. Preise und Qualitäten stehen fast immer in einem vernünftigen Verhältnis zueinander. Wer sich seine Pfeife nicht gerade vom Wühltisch gegriffen hat, wird nur selten einen wirklichen Flop erleben.

Andererseits: Die wahren Sterne am Pfeifenhimmel kommen so häufig auch nicht vor. Es sei denn bei den Solisten unter den Herstellern.

England: Sic transit gloria mundi – so vergeht der Ruhm der Welt. Warum soll dieser klassische Satz nicht auch für Pfeifen gelten? Denn bis vor wenigen Jahren noch hat England gesagt, wer Pfeife meinte. Pauschal gesehen sind englische Pfeifen natürlich immer noch ein Qualitätsbegriff, aber ihre Beliebtheit steigt nicht mehr unaufhaltsam an. Und der wahre Kenner macht gar zunehmend Abstriche. Die Pfeifen von der Insel sind überwiegend schlichte Rauchgeräte, einfach und funktionell. Schönheit ist fast immer zweitrangig, nicht so ganz astreine Verarbeitung kann schon mal passieren. Für Männer, die eine Pfeife fast ausschliesslich als Gebrauchsgegenstand betrachten. Und sie auch so behandeln.

Frankreich: Das Pfeifenland schlechthin – geht man mal von den reinen Stückzahlen in der Produktion aus. Allerdings werden sehr viele Halbfabrikate in alle Welt exportiert. Und dort dann weiterverarbeitet, veredelt. Kenner mit Vergleichsmöglichkeiten bezeichnen französische Produktionsmethoden als zum Teil unmodern, veraltet – im Gegensatz besonders zu den dänischen (oder holländischen). Viel Rohmaterial – sprich: Bruyère –, das in Frankreich verarbeitet wird, kommt aus Algerien. Und das muss keineswegs ein Kriterium für Topqualität sein. Deshalb sollte man eine französische Pfeife vor dem Kauf genau unter die Lupe nehmen, wenn möglich, sogar wörtlich. Dies nicht zuletzt auch deswegen, weil die Franzosen die Oberflächen ihrer Pfeifenköpfe nur zu gern mit Lack behandeln. Mit gut (ver-)deckendem Lack.

Holland: Die hypermodernen Produktionsanlagen in Roermond garantieren, dass die Marken Hilson und Big Ben einwandfrei in Verarbeitung und Qualität sind. Und das zu einem annehmbaren Preis. Die Nähe zu Frankreich (früher, als diese Pfeifen noch in Belgien hergestellt wurden, war's noch ausgeprägter) beeinflussen die Formen.

Irland: Bekannt, beliebt, begehrt sind die bereits ausführlich beschriebenen Hänger. Irische Pfeifen sind selten unerschwinglich teuer. Das liegt am niedrigen Lohnniveau. Und erklärt natürlich (auch) ihre Beliebtheit.

Italien: Viele Namen, die vom Klang, von der Aussprache her schon auf der Zunge zergehen. Und Produkte, die dieses Versprechen häufig dann auch in die Tat umsetzen. Grosse Pfeifen – giants – erfreuen sich besonders in Deutschland grosser und grösser werdender Beliebtheit. Die Qualität des Holzes lässt nur selten zu wünschen übrig. Ob die Qualität der Mundstücke da aber immer voll mithalten kann?

Am Anfang steht der Pfeifenladen

Keine Angst vor der ersten Pfeife

Nun haben Sie sich also entschlossen, ein Pfeifenraucher zu werden, der Zunft dieser besonderen Raucher beizutreten. Oder Sie sind entschlossen worden, weil Ihre Frau, Verlobte, Freundin meint, so ein Ding würde Ihnen besonders gut zu Gesicht stehen, es würde Ihre Männlichkeit betonen, Ihr Image verbessern.

Gut, kaufen Sie sich so ein Ding. Besser: Kaufen Sie sich gleich zwei oder drei. Es steht nämlich zu befürchten, dass Sie doch ein paar Anfangsschwierigkeiten haben werden, auch wenn Sie sich zuvor noch so intensiv mit der Kunst des Pfeifenrauchens beschäftigt haben, die in Wirklichkeit gar keine ist. Sie müssen nur einige Grundregeln beherrschen und diese möglichst gleich zu Beginn ihrer Karriere als Pfeifenraucher beherzigen.

Die erste Regel lautet: Es ist noch kein Meister vom Himmel gefallen. Ihre Anfangsschwierigkeiten können verschiedene Ursachen haben: Der Tabak, den Sie natürlich gleich mitgekauft haben, ist nicht der, den Ihre Zunge, Ihre Geschmacksnerven sich wünschen. Oder: Trotz bester Vorsätze rauchen Sie so hastig und schnell, dass Sie schon nach einigen wenigen Zügen die bittere Sosse, das Kondensat nämlich, schmecken...

Und ausserdem: Der ganze Prozess des Einrauchens, das Aufbauen der Kohleschicht, der Kruste (siehe Kapitel «Das Innenleben einer Pfeife – Wie Tabak sich in Geschmack verwandelt») kann gar nicht schmecken. Zunge und Gaumen müssen sich an den Pfeifenrauch gewöhnen. Auch die berühmte Einrauchpaste, die sozusagen in dem Pfeifenkopf mit eingebaut ist, hilft da nur begrenzt.

Deshalb sollten Sie Ihrer Zunge und den restlichen Geschmacksnerven auch genügend Zeit geben, sich wieder zu regenerieren. Das heisst, machen Sie zwischen Ihren ersten Rauchversuchen immer eine Pause von mehreren Stunden, mindestens. In dieser Zeit kann sich dann auch die Pfeife wieder erholen, das heisst erkalten.

Kaufen Sie Ihre erste Pfeife – und grundsätzlich später auch alle folgenden – immer in einem Fachgeschäft. Aus guten Gründen: In Fachgeschäften gibt es geschulte Fachverkäufer, na jedenfalls fast immer. Von denen können Sie sich eingehend beraten lassen, denen können Sie Fragen stellen, auch nicht ganz so intelligente, und die werden Ihnen antworten, na jedenfalls fast immer. Und: Nur in Fachgeschäften gibt es eine genügend grosse Auswahl an Pfeifen aller Qualitäts- und Preisklassen. Und: Nur hier haben Sie die Garantie, dass auch eventuell anfallende Reparaturen vernünftig ausgeführt werden können.

Die Preise Ihrer ersten Pfeifen sollten so zwischen 50 und 100 Mark liegen. Das können natürlich keine absoluten Spitzenmodelle sein, aber Ihr Geldbeutel wird nicht so sehr belastet, als dass Sie es nicht verwinden könnten, sollten Sie wirklich einen totalen Missgriff getan haben.

Und eine Pfeife zu 500 Mark oder mehr kann schliesslich von Anfang an ebenso verdorben werden wie eine, die nur ein Zehntel davon kostet.

Warten Sie mit dem Kauf eines wirklichen Spitzenmodells deshalb besser so lange, bis Sie zu den einigermassen erfahrenen Pfeifenrauchern gehören. Und vor allem, bis Sie ganz sicher sind, dass Sie in Zukunft auch tatsächlich Pfeife rauchen werden.

Wenn Sie also so ein Pfeifengeschäft betreten, um die ersten Modelle zu kaufen, sollten Sie sich schon über zwei Punkte im klaren sein: Was bin ich überhaupt für ein Typ? Und: Zu welcher Gelegenheit will ich diese Pfeife eigentlich rauchen?

Lachen Sie nicht über die erste Frage. Natürlich gehört sie in das grosse Kapitel männlicher Eitelkeit, dennoch – oder gerade deswegen! – ist sie wichtig. Denn eine Pfeife verändert das Gesicht eines Mannes sehr stark, sie gibt ihm eine ganz spezielle Note, beeinflusst unter Umständen sogar seine ganze Erscheinung.

Der Vergleich mit dem Bart drängt sich auf. Wem ein kleiner Schnurrbart steht, der muss mit einem Vollbart keineswegs besser aussehen, nur weil ihm ein paar Haare mehr entspriessen. Auf Pfeifen bezogen: Wer mit einer mächtigen Bulldog tatsächlich männlich markant aussieht, kann mit einer vergleichsweise zarten Dublin durchaus in die Nähe der Lächerlichkeit rücken...

Deshalb gibt es in vielen wirklich guten Fachgeschäften auch immer einen Spiegel für den zukünftigen Pfeifenraucher. Und – dies aber viel zu selten – es werden kleine Kunststoffhüllen angeboten, die sich über das Pfeifenmundstück ziehen lassen. Als schlechter Ersatz und nur zur Not tut's auch ein Papiertaschentuch. Haben Sie also keine Hemmungen, sich Ihre mögliche Neuerwerbung in den Mund zu stecken und sich damit ausgiebig im Spiegel zu bewundern.

Nebenbei: So können Sie auch feststellen, ob eben diese neue Pfeife auch von Ihren Zähnen gehalten werden kann. Ein Problem, das besonders bei den Männern ins Gewicht fällt – im wahrsten Sinne des Wor-

MAC BAREN
NAVY FLAKE
SMOKING TOBACCO
NET. 50g
MAC BAREN
MAC BAREN
MIXTURE
PIPE SMOKERS SUNDAY
DANNEMANN
SINCE 1873
SWEET MANGO
PREMIUM PIPE TOBACCO
Preisvorteil
Park Lane
DIXON & HAMILTON
King's Curly
SLICED PIPE TOBACCO FOR THE CONNOISSEUR
BLACK CAVEND

MAC BAREN
VIRGINIA
No1
VIRGINIA No1
Imperial Mixtu
Home Blend - Made in Denmark
IMPORT
dunhill
ELIZABETHAN MIXTURE
NAVY CUT
MEDIUM
TRUFFEL
PIPE TOBACCO
1873

tes –, die schon die zweiten Nachfolger ihrer Milchzähne im Mund haben.

Beim Pfeifenkauf kann es durchaus ratsam sein, Ihre Frau, Verlobte, Freundin mitzubringen und sich beraten zu lassen. Diese Damen wissen nämlich fast immer sehr gut, womit Sie am besten aussehen.

Kaufen Sie allein ein, hier ein paar grundsätzliche Tips: Wenn Ihr Körperumfang sich Ihrer Grösse nähert, das heisst, wenn Sie nicht übertrieben gross, dafür aber etwas ausladender sind, dann würden Sie mit einer übergrossen giant wohl leicht etwas komisch aussehen. Greifen Sie lieber zu einer mittellangen Pfeife mit einem mittelgrossen Kopf. Oder zu einem gebogenen Stecker.

Sind Sie hingegen gross und athletisch mit schwerem Körperbau, dann wird Ihnen bestimmt auch eine optisch schwere und imposante Pfeife gut zu Gesicht stehen.

Und wenn Sie zu den schlanken und feingliedrigen Typen gehören, dann empfiehlt sich folgerichtig eine schlanke und feingliedrige Pfeife. In der Theorie hört sich das alles ganz einfach an. In der Praxis geht Probieren über Studieren. Seien Sie also ehrlich gegenüber sich selbst und lassen Sie sich beraten. Es gibt für jeden Typ die passende Pfeife.

Nun gibt es Raucher, die kennt man gar nicht ohne Pfeife. Immer haben sie so ein Ding zwischen den Zähnen. Die Pfeifen- und Tabakhersteller werden kaum etwas dagegen einzuwenden haben, die Händler auch nicht. Bei diesen Leuten ist es eigentlich egal, wie ihr Rauchgerät letztlich aussieht, Hauptsache, es lässt sich eben rauchen.

Wir wollen hier aber mal davon ausgehen, dass Sie nur dann Pfeife rauchen, wenn Sie gerade Appetit darauf haben. Das ist eigentlich das Vernünftigste. Dumm ist nur, dass kaum jemand genau voraussagen kann, wann und zu welcher Gelegenheit ihn dieser Appetit überfallen wird.

Und deshalb weiss der passionierte Pfeifenraucher auch ganz genau, welche Pfeife er wann rauchen kann und wo. Ohne dabei schief angesehen zu werden.

Für alle, die noch nicht ganz so passioniert sind, auch dafür hier ein paar Tips. Früher war es ein Verstoss wider sämtliche guten Sitten, etwa in einer Konzert- oder Theaterpause (Pfeife) zu rauchen. Heute ist das zum Glück anders. Da solche Pausen aber zeitlich begrenzt sind, empfiehlt sich eine kleinere Pfeife, die nicht so viel Tabak fasst. Gleichzeitig sollte sie schon ein wenig elegant wirken. Da bietet sich eine schwarz polierte an, möglichst mit einem Elfenbeinring, vielleicht sogar einem Gold- oder Silberband. Ideal ist, wenn diese Pfeife dann auch noch einen möglichst flachen Kopf hat (wie etwa eine Bent), weil sie dann auch noch in die Seitentasche Ihres Anzugs passt, ohne zu dick aufzutragen.

Wer beim Pfeifenrauchen kaum jemals seine Hände frei hat – weil er Handwerker ist oder viel schreiben muss –, für den ist ein Hänger empfehlenswert. Der hängt nämlich zwischen den Zähnen und belastet sie kaum.

Für Skat- und andere Spieler gibt es sogenannte Standpfeifen. Die haben eine ebene Grundfläche und bleiben stehen, ohne umzufallen.

Leute, die meinen, sie wüssten es, behaupten, dass zu einem ungestörten Lese- oder Fernsehabend unbedingt eine Churchwurden gehört. Ein Rauchgerät, das mindestens doppelt so lang ist wie ein normales. Und wegen des langen Mundstückes raucht es sich natürlich sehr kühl und trocken. Es bedarf aber einer gewissen Eingewöhnungszeit, um mit einer Churchwurden richtig umgehen zu können. Das Wort «Churchwurden» kommt übrigens aus dem Englischen und bedeutet soviel wie Küster oder Kirchenvorsteher.

Wie bereits eingangs gesagt: Hier sollen nur ein paar Tips vermittelt werden. Letztlich bleibt es natürlich doch Ihnen überlassen, für welche Pfeife Sie sich überhaupt entscheiden und wann und wo Sie die dann rauchen werden. Wenn Sie allerdings bei scharfer Brise auf hoher See angeln und dabei eine edle Meerschaumpfeife rauchen, dann sollten Sie schon darauf achten, dass niemand in der Nähe ist, der wirklich etwas von Pfeifen versteht...

Wenn Sie in einem Fachgeschäft stehen und der freundliche Verkäufer Sie nach Ihren Wünschen fragt, dann macht es keinen besonders guten Eindruck, wenn Sie ihm antworten: «Na ja, so eine gebogene hätte ich gerne, wo der Kopf nicht so dick ist und der Stiel auch nicht so lang... Sie wissen schon, was ich meine!»

Besser ist es schon, Sie können mit einer korrekten Bezeichnung erklären, aus welcher Schublade der gute Mann Ihnen ein paar Modelle vorlegen soll. Deshalb auch sollen hier die klassischen, die gängigen Pfeifenformen mit ihren speziellen Besonderheiten vorgestellt werden:

Die **Billiard** (1) ist sozusagen die Basispfeife, das Ausgangsmodell für eine Pfeifensammlung. Sie ist ausgewogen, konventionell, zeitlos und keiner Mode unterworfen.

Die **Pot** (2) hat eine leicht verwechselbare Ähnlichkeit mit der Billiard. Die dicken Wände lassen sie gut in der Hand liegen. Der dicke Kopf verspricht problemloses Rauchen. Eine Pot wird nicht übermässig schnell heiss, sie brennt ruhig und gleichmässig.

Die **Dublin** (3) hat eine charakteristisch schräge Kopfform. Selbstverständlich muss auch hier die Bohrung im Kopf senkrecht verlaufen.

Bent (4) ist der Sammelbegriff für alle gebogenen Pfeifen. Die Form ist harmonisch, Rauchprobleme gibt es kaum. Der Rauch ist kühl, und da der Schwerpunkt einer Bent tief liegt, bleibt auch das Kondensat unten.

Die **Stand-up-Poker** (5) kann wegen ihrer ebenen Grundfläche immer und überall abgestellt werden.

Da die **Churchwarden** (6) mindestens doppelt so lang ist wie eine normale Pfeife, bleibt der Rauch immer besonders kühl.

Die **Lovat** (7) hat fast immer einen Kopf in Billard-Form, aber einen langen Holm mit einem kurzen Mundstück. Für viele Raucher eine höchst elegante Kombination.

Die **Liverpool** (8) sieht ähnlich aus. Jedoch ist der Übergang vom Holm zum Mundstück fliessender, weicher, harmonischer.

Die **Apple** (9) wirkt ausgesprochen sportlich. Sie ist vergleichbar mit einer dicken Billiard. Wegen ihres kräftigen Kopfes liegt sie gut in der Hand. Ein problemloses Rauchgerät.

Die **Prince** (10) wirkt wie eine sehr elegante Apple. Die Mundstücke können unterschiedlich lang sein und stärker gebogen.

Die **Cad** (11) gibt es vielen Varianten. Die häufigste Form dürfte die mit dem eingefrästen Ring im Kopf sein. Holm und Mundstück sind gekantet. Eine stabile Pfeife mit viel dickem Holz, die immer gut in der Hand liegt.

Die **Bulldog** (12) ist eine Cad-Variante. Nur noch dicker, noch stabiler, noch gedrungener. Auch noch männlicher?

Die **Army** (13) weicht von allen bisher vorgestellten Pfeifen ab. Dies deshalb, weil das Mundstück als Stecker gestaltet ist. Holm und Mundstück werden mithin nicht zusammengedreht, sondern ineinandergesteckt. Deshalb fehlt auch der klassische Zapfen. Besonders attraktiv sieht eine Army aus, wenn der Holm noch durch einen Metallring verstärkt und optisch betont wird.

Die **Army-Bent** (14) vereint in sich alle Vorteile der Army und der Bent: eine immer empfehlenswerte Pfeife.

Die **Bent-Albert** (15) verbindet eine fliessende Form mit kräftigen Konturen. Wahrscheinlich ist sie die Vorläuferin aller free hands.

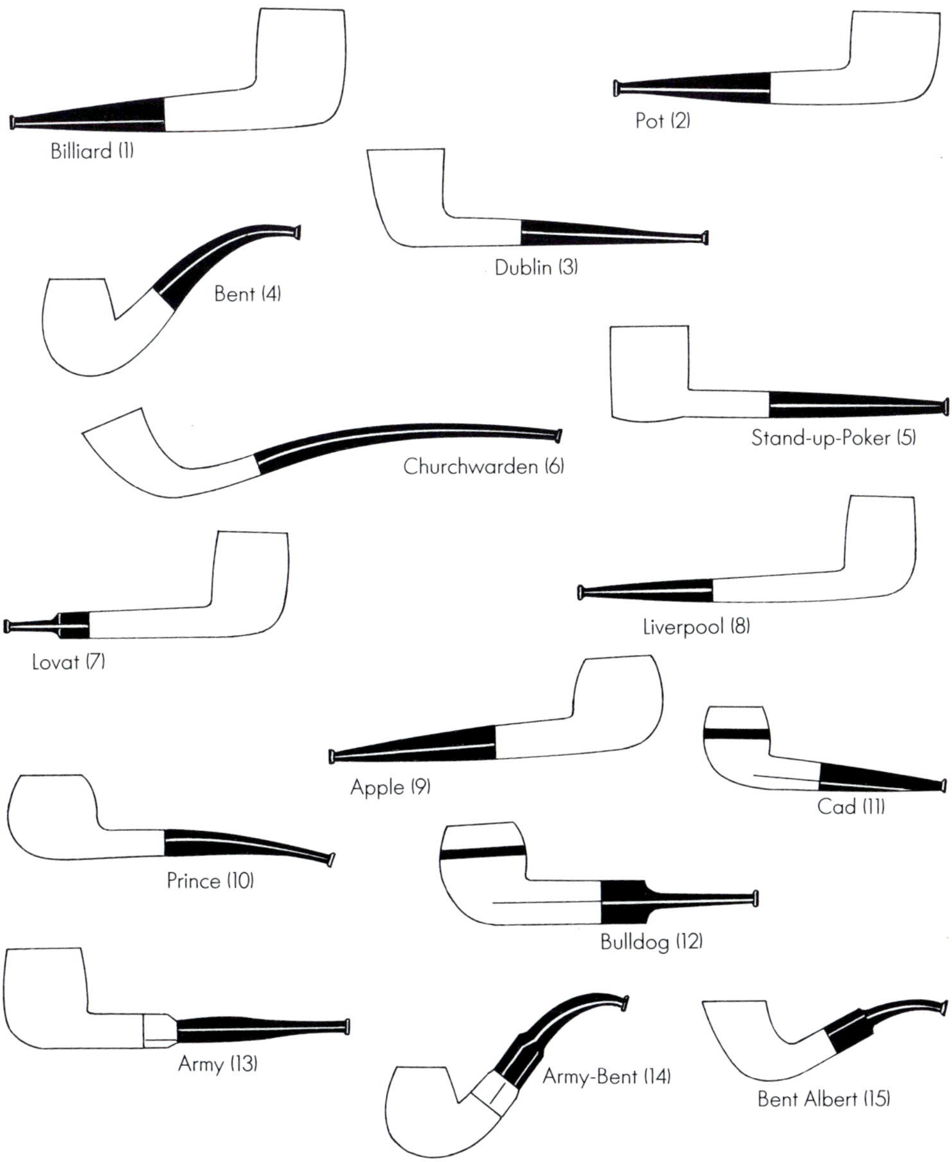

Das sind sie, die wichtigsten Pfeifenformen. Ein (zukünftiger) Raucher sollte sie schon kennen, damit er im Fachgeschäft weiss, wovon der Verkäufer redet.

Eine Freundin fürs Leben

Vom rechten Umgang mit der Pfeife

Gehen wir einmal davon aus, dass eine Pfeife – egal wie teuer oder billig sie war, also wie wertvoll sie sein mag – für Sie doch etwas Besonderes ist. Kein x-beliebiger Ex-und-Hopp-Gegenstand, der eine Zeitlang einen bestimmten Zweck zu erfüllen hat und dann durch einen neuen, gleichen Gegenstand ersetzt wird.

Gehen wir also einmal davon aus, dass eine Pfeife für Sie eine Freundin fürs, eine Begleiterin durchs Leben ist. Dann, bitt' schön, behandeln Sie diese Pfeife auch wie eine Freundin: liebevoll, aufmerksam, zuvorkommend. Bewahren Sie sie vor den Unbillen dieser Welt, pflegen Sie sie.

Das bedeutet nun keineswegs, dass die Pfeife für Sie fortan im Mittelpunkt Ihres Denkens und Handelns stehen soll. Das bedeutet lediglich, dass Sie ein paar Pflege-Grundregeln kennen und sie fortan auch anwenden sollten.

Vor diesen Grundregeln, sozusagen den lebenslangen, müssen Sie eine neue Pfeife erst einmal einrauchen. Das heisst, Sie brauchen Sie gar nicht einzurauchen, jedenfalls nicht so, wie Sie es bisher überall gelesen haben. Vergessen Sie den ganzen Unsinn, der immer wieder zu diesem Thema verbreitet wurde und leider immer noch wird. Ich meine das dumme Gerede und Geschreibe, zuerst ein paar Viertelfüllungen zu rauchen, dann Drittelfüllungen, dann die Hälfte vollstopfen... Und irgendwann sind Sie oben angelangt. Wenn Sie das Unternehmen Pfeife nicht zwischenzeitlich aufgegeben haben, wofür ich vollstes Verständnis hätte.

Diese Methode nämlich garantiert es fast, dass Sie Ihre neue Pfeife schon zu Beginn ihrer Rauchkarriere zerstören, durchbrennen. Ganz besonders dann, wenn es sich um eine Filterpfeife handeln sollte.

Die Firma Seiffert & Sohn in Kassel (immerhin deutscher Importeur so grosser Marken wie Peterson, Savinelli, Svendborg) hat nach jahrelangen Beobachtungen herausgefunden, dass es sich bei 98 Prozent (!) aller durchgebrannten Pfeifen um solche mit Filter handelt. Ein ganz erheblicher Teil dieser Unfälle passierte bereits während der Einrauchzeit.

Der Grund ist einleuchtend: Filter sind ein Hindernis, ein Hemmnis, sie bilden einen Widerstand im Rauchkanal, der nur durch verstärktes Ziehen überwunden werden kann. Wenn jetzt eine neue Pfeife nur zu einem Viertel gefüllt ist, dann verteilt sich die grösste Hitze auf eine geringe Menge Tabak. Die Brandfläche hat kaum einen Unterbau, keinen natürlichen (Tabak-)Filter. Der Tabak verbrennt masslos heiss, anstatt zu glimmen. Und das alles mit wenig Holz drumrum. Ein Durchbrennen muss wohl die Folge sein.

Besser ist in jedem Fall: Die Pfeife mindestens halbvoll, besser noch ganz voll stopfen, den Tabak ganzflächig anzünden, regelmässig nachstopfen, gleichmässig ziehen, fast so, als würden Sie atmen (obwohl Sie natürlich nicht inhalieren sollen). Und was soll daran nun so problematisch sein?

Das gilt übrigens keineswegs nur für Filterpfeifen, es trifft vielmehr auch auf «normale» Pfeifen zu, wenn man einmal davon absieht, dass es keinen Zug-Widerstand gibt.

Bei dieser Gelegenheit möchte ich gleich mit dem weitverbreiteten Irrtum aufräumen, der den schönen Namen «Einrauchpaste» trägt. Das ist ein ganz besonderes Gemisch aus Wasserglas, Graphit und Kohlenstaub. Das Wort Einrauchpaste verleitet viele (Pfeifen-Einsteiger) zu der Annahme, die Pfeife sei bereits eingeraucht worden, maschinell oder so. Stimmt aber nicht. Die Paste, mit der die Innenwand des Pfeifenkopfes bestrichen wurde, dient zwei Zwecken. Zum einen fördert sie den Aufbau einer Kohleschicht, die bekanntlich beim Rauchen entsteht – und entstehen muss, um Feuchtigkeit aufzunehmen. Zum anderen neutralisiert sie ein wenig den nicht gerade himmlischen Geschmack einer neuen Pfeife.

Kommen wir aber noch mal zurück zum Thema durchgebrannte Pfeifen. Es gibt einen weiteren Grund dafür, und der ist ebenfalls völlig unabhängig davon, ob es sich um eine Filterpfeife handelt oder nicht. Seit unendlich langer Zeit ist es uns eingebleut worden, jede Pfeife bis zum bitteren Ende zu rauchen. Schon wieder dummes Zeug.

Versuchen Sie bitte auf keinen Fall, mit aller Gewalt auch noch den letzten Tabakkrumen aufzurauchen, vielleicht sogar noch eimal neu anzuzünden. Denn dann hat doch jedes Feuer, jede Brandfläche ungehindert Zugang zum Holz. Und dem bleibt kaum noch etwas anderes übrig als durchzubrennen.

Letzte (feuchte) Tabakreste in der Pfeife sollten Sie mit Hilfe des Besteckes mit der bereits vorhandenen Asche mischen. Und nach ausreichendem Abkühlen ab damit in den Aschenbecher. Während des Mischens und des Abkühlens verteilt sich an der Innenwand des Kopfes zusätzlich noch die hygroskopische Asche. Der Pfeifenkopf bleibt trockener, auch am Boden.

Es gibt Raucher, die – zumindest während der ersten Zeit mit der neuen Filterpfeife – nur Balsaholz-Filter verwenden. Die Dinger haben halbrunde Rauchkanäle an der Aussenseite und behindern deshalb den Zug weniger als andere Filter. Inwieweit sie allerdings auch Schadstoffe aus dem Rauch herausfiltern können, das lassen wir mal dahingestellt.

Kommen wir zum Stopfen der Pfeife mit dem Tabak. Auch das ist kein Problem. Wenn Sie diese Rauchvorarbeit einmal drin haben, steht dem grossen Genuss eigentlich nichts mehr im Wege.

Andererseits, eine falsch gestopfte Pfeife wird Ihnen jeglichen Genuss gründlich verderben. Richtig gestopft wird so: ein Drittel leicht und locker, ein Drittel stärker, ein Drittel kräftig. Ich habe einmal gelesen, wie man diesen eigentlich technischen Vorgang fast schon romantisch beschreiben kann: «Stopfen Sie eine Pfeife unten mit den zarten Fingern eines Kindes; sodann mit den zärtlichen, aber doch schon wissenden und zielbewussten Fingern einer Frau; und oben mit den zupackenden Fingern eines Mannes!» – Klingt gut, nicht wahr?

Die Tabakoberfläche muss grundsätzlich glatt sein. Das erreichen Sie mit dem Finger, aber auch mit dem Stopfer. Dann überprüfen Sie den Zug. Gibt es zuviel Widerstand, lockern Sie den Tabak mit dem Dorn (vom Besteck) noch einmal auf. Verspüren Sie hingegen gar keinen Widerstand, dann drücken Sie noch einmal nach. Im letzteren Fall, bei zu wenig Zug, würde der Tabak zu heiss verbrennen. Das ist wie beim Ofen: Wenn der zuviel Zug hat, wird er auch zu heiss.

Der nächste Schritt nach dem Stopfen ist das Anzünden. Setzen Sie mit einem Streichholz die ganze, ebene Tabakfläche gleichmässig in Brand. Vorher allerdings sollte der Streichholzkopf völlig abgebrannt sein. Sonst atmen Sie womöglich Schwefel- und Phosphordämpfe ein.

Die Streichhölzer dürfen nicht zu kurz sein, sonst verbrennen Sie sich die Finger. Übrigens: Die Dänen (natürlich!) bieten ganz spezielle Zündhölzer für Pfeifenraucher an – mit Überlänge. Selbstverständlich können Sie eine Pfeife auch mit einem Gasfeuerzeug anzünden.

Noch etwas, was sogar erfahrene Pfeifenraucher immer wieder falsch machen: Sie halten Ihr Rauchgerät keineswegs gerade nach oben gerichtet, sondern schräg, verkantet. Wenn aber die Flamme richtig und vollflächig in den Pfeifenkopf gesogen werden soll, dann müssen Flamme und Tabakfläche waagrecht zusammentreffen. Diesen Satz kann man natürlich auch umgekehrt formulieren, je nach Gewichtung.

Jetzt müssen Sie eigentlich nur noch langsam und gleichmässig rau-

VAUEN

chen, so wie Sie ohne Anstrengungen atmen. Das ist dann schon alles.

Das heisst, eines sollten Sie doch noch beachten. Zum Trockenrauchen gehört auch, dass Sie am Mund, mit den Lippen möglichst trocken rauchen. Andernfalls läuft die hier produzierte Feuchtigkeit in den Pfeifenkopf. Das hören Sie dann an lauten und deutlichen Gurgelgeräuschen. Stecken Sie sich die Pfeife deshalb nie zu tief in den Mund. Halten Sie sie besser nur zwischen den Lippen, mit Unterstützung einer Hand. Dummerweise regen aber alle Gegenstände, die Sie zwischen den Lippen haben, die Speichelproduktion grundsätzlich an. Das lässt sich deutlich beim oralen Fiebermessen beobachten. Beim Pfeifenrauchen ist es allemal besser, im Mund produzierte Feuchtigkeit, die ja von Teer und Nikotin noch völlig «unverdorben» ist, einfach herunterzuschlucken, als sie in die Pfeife laufen zu lassen.

Alles, was schön bleiben will oder soll, muss gepflegt werden: regelmässig und hin und wieder mit einer Art Generalüberholung. Ihre Pfeifen auch.

Auch bei denen lässt sich die Pflege in zwei Abschnitte unterteilen: in jene Handgriffe, die nach jedem Gebrauch unbedingt erforderlich sind. Und in die Tätigkeiten, die so alle vier Wochen vorgenommen werden müssen. Anders ausgedrückt: Es fällt die Sofortpflege an und das Grossreinemachen.

Über die Sofortpflege ist in diesem Buch immer mal wieder berichtet worden. Zum besseren Verständnis trotzdem noch mal eine Zusammenfassung.

Vermischen Sie nach jedem Rauchen mögliche Tabakreste und die Asche und kippen beides in den Aschenbecher. Anschliessend einen Pfeifenreiniger vom Mundstück her in die Pfeife einführen und dort solange lassen, bis diese Pfeife wieder geraucht werden soll. In der Zwischenzeit wird das Rauchgerät mit dem Kopf nach unten (in einem Pfeifenständer) abgestellt. Es hat dann ausreichend Zeit, ab- und auszukühlen, der Reiniger saugt die Feuchtigkeit auf. Direkt vor dem nächsten Rauchen den Pfeifenreiniger entfernen und einen frischen noch einmal durch das Mundstück ziehen. Einmal kräftig durchblasen, und los geht's. Diese Sofortpflege eignet sich übrigens für normale wie für Filterpfeifen.

So einmal im Monat – öfter kann aber auch nicht schaden – ist dann die grosse Reinigungsaktion angesagt. Dazu benötigen Sie jede Menge Reiniger, Pfeifenbesteck und -schlüssel, eine saugfähige Unterlage. Und natürlich Ihre Pfeifen.

Grundsätzlich gilt, dass Sie Holm und Mundstück einer Pfeife nur durch Drehung nach rechts voneinander trennen dürfen. Und so müssen sie dann auch wieder zusammengedreht werden. Einzige Ausnahme: Stecker zieht und schiebt man auseinander bzw. wieder zusammen.

Bei dieser Drehmethode nach rechts werden Holm und Stecker nicht ausleiern. Das aber passiert mit Sicherheit, wenn mal nach rechts und mal nach links gedreht wird. Ich habe es ausprobiert. Das Rechtsdrehen wird mit der Zeit eine Selbstverständlichkeit.

Ihre Pfeifen liegen nun auseinandergenommen vor Ihnen. Ziehen Sie jetzt einen Reiniger, getränkt mit einer speziellen Reinigungsflüssigkeit (gibt's im Fachhandel) durch das Mundstück, um es sofort danach mit einem anderen Reiniger wieder trockenzulegen. Bei Filterpfeifen, deren Holm und Mundstück zum Teil besonders dick sind, benutzen Sie anstelle des Reinigers zusammengedrehte Papiertaschentücher, ein Geschirrhandtuch tut es auch. Es gibt dafür aber auch besondere Reiniger, die um ein Kunststoff-Röhrchen gedreht werden. Warum, weiss ich nicht, aber es scheint, als hätte diese an sich gar nicht so schlechte Methode es schwer, sich durchzusetzen.

Holm und Mundstück sind also gereinigt, der Pfeifenkopf ist dran. Seine ständig stärker werdende Kohleschicht muss auf einen bis zwei Millimeter reduziert werden. Das geht mit dem dafür vorgesehenen Pfeifenschlüssel mühelos. Der sollte aber schon so konstruiert sein, dass er sich dem jeweiligen Kopfdurchmesser anpassen kann. Seit einiger Zeit wird auch ein furchterregendes Gerät angeboten (von Savinelli), einem geraden Dolch nicht unähnlich. Anstelle der Klinge aber hat es ein dreikantiges Metallstück, das spitz zuläuft. Zugegeben, dieses Ding hat keine Anpassungsschwierigkeiten an unterschiedlich grosse Köpfe. Damit die Kohleschicht aber rundum gleichmässig abzutragen, bedarf es indes wohl einiger Übung. Und bis dahin mag es durchaus passieren, dass die Kohleschicht an einer (oder auch an mehreren) Stelle so weit abgeschabt wird, dass sich ein Durchbrenner anbietet.

Irgendwann einmal werden Sie nicht darum herumkommen, sich auch dem Äusseren Ihrer Pfeifen zu widmen. Schönheit ist eben alles. Es gibt spezielles Wachs, besondere Polituren, mit denen der Pfeifenkopf von aussen nachhaltig behandelt werden kann, so dass er wieder im schönsten Glanz erstrahlt. Wenn er das vorher auch getan hat.

Um ein solches Ergebnis zu erzielen, gibt es aber auch eine andere Möglichkeit, und die kostet nichts. Jede Gesichtshaut produziert eine ständige natürliche Feuchtigkeit, die reichlich Fett enthält – selbst dann, wenn Sie sich regelmässig den Produkten der modernen Kosmetikindustrie aussetzen. Reiben Sie Ihre Pfeife doch mal zwischen Nasenflügel und Wange. Und polieren Sie anschliessend an Ihrem Pullover blank (am besten, wenn Ihre Frau gerade nicht anwesend ist).

Je öfter eine Pfeife benutzt wird, desto stärker wird sich auf dem Mundstück – genauer: dem Biss – ein unschöner Belag bilden, nicht gerade appetitlich. Das Zeug muss weg, und das geschieht am besten mit einem Wattebausch und klarem Wasser. In hartnäckigen Fällen können Sie dem Wasser einen Tropfen – aber wirklich nur einen! – Spülmittel zusetzen. Ob Wasser pur oder mit Schuss: Achten Sie unbedingt darauf, dass nichts in das Mundstück eindringt. Aber bei etwas Sorgfalt wird das kaum passieren. Und ganz besonders wichtig: Wasser mit Schuss darf nie mit dem Holz des Pfeifenkopfes in Berührung kommen, mit dem Holm natürlich auch nicht. Denn dort würde es unweigerlich besonders hässliche Flecken hinterlassen, die Sie kaum jemals wieder wegkriegen.

Trotz sorgfältigster Behandlung (und auch unter Berücksichtigung der Tatsache, dass eine Pfeife üblicherweise ein recht einfach konstruierter Gegenstand ist und deshalb recht robust), ein Unglück kann immer mal passieren, eine Panne, ein Malheur. Das Mundstück kann zu locker sitzen oder zu fest; Sie können das Mundstück durchbeissen; der Zapfen kann abbrechen; die Pfeife kann durchbrennen; die Oberfläche des Kopfes kann irgendwie, irgendwo beschädigt worden sein. In allen diesen Fällen kann ich Ihnen nur einen guten Rat geben: Versuchen Sie nicht, selbst Hand anzulegen. Gehen Sie zu einem Fachmann, er weiss, was zu tun ist. Sie selbst würden fast immer mehr Schaden anrichten, als ohnehin schon vorhanden ist.

Ich weiss natürlich, dass ich mich mit diesem Rat wieder im Gegensatz zu der Lehrmeinung vieler (selbsternannter?) Pfeifenpäpste befinde. Macht aber nichts, ich bin bisher damit immer sehr gut über die Runden gekommen. Und ausserdem: Die Fachleute, die Reparateure wollen auch leben …

Keine Pfeife ohne Stopfer

Genuss durch Zubehör

Natürlich kommen Sie auch mit einem «nackten» Auto an jedes Ziel. Elektrische Fensterheber, heizbare Sitze und ein Radio mit Cassette sind strenggenommen überflüssig, sie kosten viel Geld – aber sie machen das Autofahren halt viel angenehmer, komfortabler, vielleicht auch persönlicher.

Und ebenso natürlich können Sie auch eine nackte Pfeife ohne alles Zubehör rauchen (wobei wir jetzt mal davon absehen, dass Tabak und Feuer einfach sein müssen).

Aber eine Pfeifentasche? Wieso? Die Hosen- oder Anzugtasche tut's auch. Ein Stopfer? Weshalb? Nehmen Sie doch Ihren Daumen. Nach einiger Zeit hat sich eh soviel Hornhaut gebildet, dass es nicht mehr weh tut. Ein Tabaksbeutel? Warum? Lassen Sie den Tabak doch einfach in seiner ursprünglichen Verpackung.

Dennoch: Einige «Zubehöre» sind einfach nötig, wenn Sie Ihre Pfeifen nicht nur als Wegwerfartikel betrachten, die sich jederzeit wieder durch neues, funktionierendes Rauchgerät ersetzen lassen.

Zubehör muss also sein. Zum Beispiel dieses: Pfeifenbestecke gibt es in jeder Preisklasse und in jeder Form. Von funktionell und praktisch bis geschmacklos und nicht das Nach-Hause-Tragen wert, weil kaum zu gebrauchen.

Ein gutes Besteck muss aus drei Einzelteilen bestehen, die aber unbedingt verbunden sein sollten. Mit dem Stopfer wird die Glut niedergedrückt, mithin die Hitzeentwicklung im Pfeifenkopf beeinflusst. Sollte der Rauchkanal tatsächlich einmal verstopft sein (was bei vernünftigem Rauchen ja eigentlich nicht vorkommt!), dann sticht der Dorn ihn wieder frei. Und der Löffel entfernt die letzten Tabak- und Aschenreste. Denn die gibt es tatsächlich. Auch wenn zur Erfüllung des Raucherdaseins oder zum Eintritt in den Raucherhimmel immer wieder propagiert wird, dass bei einer richtig gerauchten Pfeife zum Schluss nur noch ein lockerer Aschenrest übrigbleiben darf. Wir sind halt alle kleine Sünderlein ...

Die besten Pfeifenbestecke sind erfahrungsgemäss die zu fuffzig Pfennig oder höchstens 'ner Mark. Sie enthalten alles, was oben gefordert wurde, und wenn man sie mal verliert – auch kein grosser Verlust.

Allerdings, noch ein bisschen empfehlenswerter sind die Bestecke, die in einer Hülle verborgen sind. Vorteil: Aschenreste auf dem Stopfer können keine Taschen verschmutzen.

Diese Dreiteilung der Gewalten – stopfen, stossen, auskratzen – gibt es natürlich noch in jeglicher anderen Ausführung. Dem menschlichen Erfindungsgeist sind nirgendwo Grenzen gesetzt. Es sollen schon Pfeifenbestekke gesichtet worden sein, in die waren auch noch Schraubenzieher und Minisäge eingebaut. Vergessen Sie's.

Auch ein Pfeifenschlüssel sollte schon sein. Denn mit der Zeit wird die Kohleschicht in jeder Pfeife immer stärker und vermindert den Rauchgenuss. Diese Schicht mit einem scharfen Messer zu entfernen ist tödlicher Leichtsinn, weil damit das kaum reparierbare Beschädigen des Pfeifenkopfes vorprogrammiert ist. Mit dem Pfeifenschlüssel nun wird die Schicht auf eine annehmbare Stärke reduziert. Die beträgt so ein bis zwei Millimeter.

Es gibt starre und verstellbare Schlüssel. Geben Sie den letzteren den Vorzug. Auch wenn sie teurer sind. Sie passen sich nämlich den unterschiedlichen Kopfgrössen an. Der Schlüssel wird übrigens in den Pfeifenkopf eingeführt und langsam gedreht. Mit jeder Drehung wird eine Schicht der Kruste entfernt.

Auch Pfeifenreiniger sind ein Muss. Auch sie gibt es in zahlreichen Ausführungen. Nehmen Sie die mit der konischen Form, sie sind an einem Ende dicker und verjüngen sich zum anderen. Pfeifenreiniger haben alle einen Drahtkern, der umgeben ist von wolligem und somit saugfähigem Material.

Wenn Sie Ihre Pfeife ausgeraucht und geleert haben, dann sollten Sie es sich zur Gewohnheit machen, einen Pfeifenreiniger durch Mundstück und Holm bis ganz nach vorn in den Kopf zu schieben. Und ihn solange dalassen, bis Sie die Pfeife wieder rauchen wollen. In der Zwischenzeit hat der Reiniger sämtliche Feuchtigkeit aufgenommen.

Pfeifentaschen sind sicher eine lobenswerte, weil bequeme Erfindung. Bieten sie dem Raucher doch die Möglichkeit, sich zum Beispiel morgens für die Pfeifen zu entscheiden, die er tagsüber – etwa im Büro – rauchen möchte. Er trägt sie bei sich, und sie können nicht beschädigt werden.

Pfeifentaschen gibt es für zwei Rauchgeräte oder für acht oder für zehn. Es gibt sogar richtige Koffer dafür. Getarnt als Diplomatenkoffer und möglicherweise gedacht für Leute, die sonst nicht so die wahre Berechtigung hätten, so ein Ding mit sich zu schleppen.

Richtig gut sind Pfeifentaschen nur dann, wenn sich darin auch noch

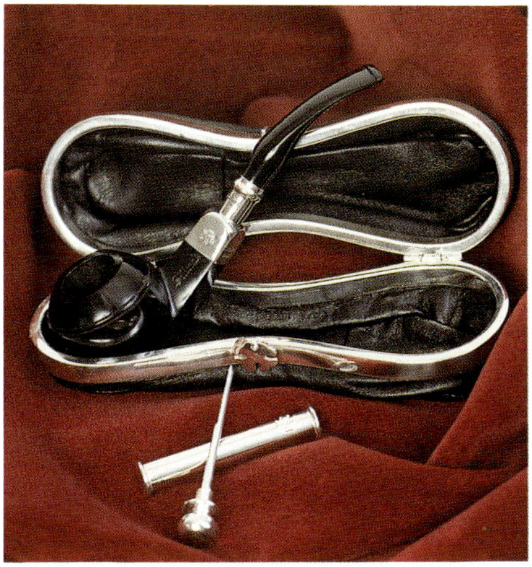

Drei Träume mit Silber: der berühmte «Knochen» für zwei Pfeifen (anstelle einer herkömmlichen Pfeifentasche), eine elegante schwarze (Theater-)Pfeife und ein Stopfer, dessen Dorn in einer Hülse geschoben wird (alle von Sillem's).

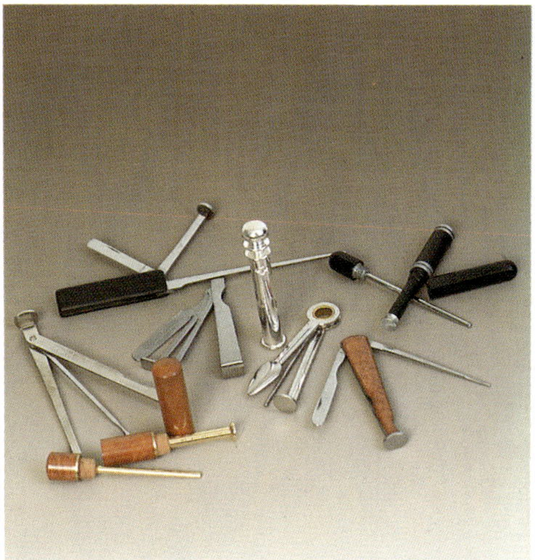

Ob ein billiges, einfaches Besteck oder ein teures mit exklusivem Outfit: Sie können nie genug davon haben.

Tabak, Stopfer, ein paar Reiniger und Feuerzeug bzw. Streichhölzer unterbringen lassen.

Viele dieser Taschen haben eingebaute – das meint: fest vernähte – Tabaksbeutel. Dummes Zeug. Denn die lassen sich fast nie luftdicht verschliessen. Und das sollten Tabaksbeutel nun mal, weil sonst der Inhalt zu schnell austrocknet.

Ausserdem sollten richtige Solo-Tabaksbeutel aus möglichst weichem Leder sein, damit sie sich – zum Beispiel in der Hosentasche – mühelos ihrer Umgebung anpassen können.

Aber noch einmal kurz zurück zu den Pfeifentaschen. Wo Licht ist, fällt auch Schatten. Und ein ziemlich dunkler fällt auf fast alle Pfeifentaschen. Zumindest auf die, die mir bekannt sind. Die Schlaufen, in die die Pfeifen gesteckt werden, sind nämlich mit konstanter Boshaftigkeit aus nichtelastischem Material. Und zudem fast immer gleich gross. Das heisst, Sie können nur Pfeifen darin unterbringen, die einen bestimmten – relativ kleinen – Holmdurchmesser haben. Gebogene Pfeifen haben überhaupt keine Chance. Warum um alles in der Welt kommt denn kein Hersteller auf die Idee, diese Schlaufen ganz schlicht aus Gummiband herzustellen? Entsprechende Breiten gibt es. Die Produzenten von weiblichen Slips und männlichen Unterhosen helfen bestimmt gern weiter.

Pfeifenständer sind nur dann ihren Preis wert, wenn darin die Pfeifen senkrecht, mindestens aber schräg abgestellt werden können. Nur dann nämlich wird verhindert, dass die Feuchtigkeit in den Holm bzw. das Mundstück läuft. Auch Pfeifenständer gibt es in zahlreichen Formen und Ausführungen. Lassen Sie ganz einfach Ihren Geschmack entscheiden und Ihren Geldbeutel. Denn billig sind die Dinger nicht.

Pfeifenschränke sind sozusagen Pfeifenständer mit was «drumherum». Üblicherweise bestehen sie aus Holz, haben eine gewichtige Glastür (oder auch zwei) und sehen alles in allem ziemlich vornehm aus. Sie geben enorm was her.

Im Prinzip gilt für sie das gleiche wie für die Ständer. Die Pfeifen müssen richtig drin stehen können. Und ob das klappt, das finden Sie nur dann heraus, wenn Sie so einen Ständer im Laden mit Ihren Pfeifen bestükken. Platz für Zubehör – für möglichst viel Tabak etwa – muss natürlich auch ausreichend vorhanden sein.

Und: Pfeifenschränke müssen unbedingt Luftlöcher oder -schlitze enthalten. Sonst taugen sie nichts. Denn sonst können die Pfeifen nicht atmen. Verständlich, im luftleeren Raum.

Es soll übrigens Pfeifenraucher geben, die keinesfalls mit zehn linken Daumen geschlagen sind. Anders formuliert: die handwerklich so geschickt sind, dass sie Pfeifenständer wie -schränke selbst bauen können. Wahrscheinlich die ideale Lösung des Problems. Ausserdem: Besonders Pfeifenschränke zeichnen sich nicht dadurch aus, dass sie zu den billigen Dingen des Lebens gehören.

Bleibt das Feuer. Über Streichhölzer gibt es nicht viel zu sagen. Millionen von Rauchern haben damit ihre Pfeife in Brand gesetzt, Millionen werden es noch tun.

Aber auch Feuerzeuge gewinnen zunehmend an Beliebtheit. Das hat die Hersteller natürlich auf die naheliegende Idee gebracht, speziell solche für Pfeifenraucher zu entwickeln. Da tritt die Flamme dann seitlich-waagrecht aus und kann gezielt auf die Tabakfläche gerichtet werden.

Bei allen Feuerzeugen sollten Sie aber unbedingt darauf achten, dass sie keinen Eigengeschmack haben. Benzinfeuerzeuge scheiden deshalb aus. Und Streichhölzer mit einer Wachsbeschichtung auch.

Träume wiederholen sich selten. Dieser Schrank gar nicht: Das prachtvolle Einzelstück steht bei einem Händler in Köln, der daraus verkauft. Präsentation ist eben alles. Das Fassungsvermögen des Schrankes beträgt 365 wirklich erlesene und exklusive Pfeifen – für jeden Tag des Jahres eine. Hersteller: Dunhill.

Geschmack schreibt man wie «Tabak»

Vom Siedlerstolz zum edlen Rauchkraut

Um Unklarheiten gar nicht erst aufkommen zu lassen: Vom Siedlerstolz soll in diesem Kapitel nicht richtig die Rede sein. Nur wenige werden sich noch an die Nachkriegszeit erinnern, in der Pfeifentabak zu den begehrten Naturalien gehörte, die einzutauschen es schon eines grösseren Gegenwertes bedurfte. Das Verlangen nach Tabak – um nicht zu sagen: nach Nikotin –, der Spass, die Freude am Rauchen waren halt so gross, dass es für viele von geringerer Bedeutung war, was sie denn letztendlich in ihre Knösel stopften. Siedlerstolz Marke Bahnhof Südseite? Warum denn nicht? Hauptsache, das Zeug brannte. Auch auf der Zunge. Aber was machte das denn schon?

In diesem Kapitel wollen wir uns vielmehr mit dem echten, guten, köstlichen Tabak beschäftigen, ohne den auch die beste Pfeife kaum mehr als ein hölzernes Anschauungsobjekt wäre und ein im wahrsten Sinne des Wortes leeres Dasein führen müsste.

Es soll ja Raucher geben, die sparen an der Pfeife – um sie sodann mit einem besonders teuren Tabak zu füllen. Kaum der richtige Weg: Tabak und Pfeife sollten schon in der Qualität eine Einheit bilden. Eine sündhaft teure Pfeife mit einem minderwertigen Tabak zu füllen – das schmeckt nicht. Und die billigste Pfeife mit teurem Tabak – auch nicht.

Tabake gibt es in allen Geschmacksrichtungen und Preisen. Es sollte für keinen Raucher ein Problem sein, sein ganz spezielles Rauchkraut zu finden.

In Amerika – wo wohl sonst? – liegen die Anfänge der Tabaknutzung. Freunde dieses Genusses, der sich in Luft auflöst, zerkleinerten ein Tabakblatt, sie zerrieben es zwischen den Handflächen und stopften es in die passenden Rauchgeräte.

Die Herren kannten sich schon damals recht gut aus: Wollten sie sozusagen schwer rauchen, so pflückten sie sich ein Blatt vom unteren Teil der Tabakpflanze. Stand ihnen der Sinn nach Milderem, so nahmen sie ein Blatt aus der Mitte, und wollten sie dem leichten Genuss frönen, so griffen sie nach ganz oben.

Der Tabak ist ein Nachtschattengewächs – wie die Tomate oder die Kartoffel. Und wie die Tollkirsche, eine Pflanze, die sich nicht unbedingt durch übergrosse Menschenfreundlichkeit auszeichnet. Und deswegen häufig als mitunterstützendes Argument angeführt wird, wenn Gegner des Tabaks auf dessen Gefährlichkeit hinzuweisen versuchen. Ein bisschen weit hergeholt, wie mir scheint.

Die Gattung Nicotina umfasst nur vierzig Arten, aber kaum noch zählbare Sorten. Die für die Tabakproduktion am meisten verwendete Art ist die rotblühende Nicotina tabacum, vorwiegend angebaut in tropischen und subtropischen Ländern.

Der Weg von der Pflanze in die Pfeife ist ein langer. Pflanzen, deren Blätter zur Herstellung von Pfeifentabaken genutzt werden sollen, müssen ausreifen. Die Erntezeit richtet sich nach Klima und Bodenbeschaffenheit, sie ist – logo – von Land zu Land unterschiedlich. Die Blätter werden von unten nach oben gepflückt – fast immer mit der Hand. Maschinen haben es schwer, auch dieses Gebiet noch für sich zu erobern. Für einige Tabaksorten (Latakia, Kentucky) wird die ganze Pflanze abgeschnitten.

Schwerpunkte des Tabakanbaus liegen in den USA, in Mittelamerika mit Kuba, in Südamerika – für Virginia- und Burley-Sorten. Der bekannteste amerikanische Würztabak heisst Perique. Er ist Bestandteil vieler späterer Mischungen.

Orienttabake kommen vorwiegend aus Bulgarien, Griechenland, Jugoslawien, der Türkei, aber auch aus Albanien, Italien, Rumänien, Syrien, Zypern. Orienttabake finden sich in den meisten Mixturen. Ihre Blätter sind eher klein, im Gegensatz zum Virginia.

Aus Bulgarien kommt der berühmte Latakia, ein würziger, rauchiger Tabak, der auch wegen seines charakteristischen Duftes geschätzt wird.

Tabakblätter werden entweder im Rauch (natürlich) oder in der Röhre (künstlich) getrocknet. Letztere Art verkürzt diesen Part im Gesamtherstellungsprozess ganz erheblich.

Die nächste Stufe heisst in der Fachsprache Fermentation. Es gibt auch hier die künstliche und die natürliche. Bei der natürlichen werden die gebündelten Blätter zu Hauf gestapelt. Wärme bewirkt Gärung, es wird zum Beispiel Eiweiss abgebaut. Geschähe das nicht, würde jeder Tabak so bitter schmecken, dass er für unsere verwöhnten Zungen und Gaumen nicht geniessbar wäre. Die natürliche Fermentation dauert Monate.

Bei der künstlichen hingegen wird der Tabak auf 100 Grad erhitzt, wobei unerwünschte Stoffe verschwinden. Sodann wird wieder abgekühlt. Gesamtdauer: rund eine Stunde.

In der weiteren Behandlung werden die Mischungen zusammengestellt. Eine Mischung kann aus Dutzenden von Ursprungstabaken bestehen.

Durch Dämpfen in einem Vakuumkessel wird erreicht, dass die einzelnen Blätter nicht brechen, dass sie geschmeidig bleiben. Es werden auch die Rippen entfernt, und das alles geschieht auf kompletten Fertigungsstrassen, deren Ur-Ur-Ur-Grossvater wohl Henry Ford war, als er seinerzeit auf die gleichermassen geniale wie heute angefeindete Idee kam, ganze Autos auf Fertigungsstrassen zu produzieren.

Der nächste Tabakschritt ist das Sossen. Der Tabak erhält eine ganz besondere bestimmte Geschmacksnote durch das Beifügen natürlicher Stoffe wie zum Beispiel Honig, Kakao, Rum, Fruchtessenzen. Das Sossen unterliegt in vielen Ländern übrigens dem Lebensmittelgesetz.

Danach erfolgt das Schneiden, das unter hohem Druck geschieht. Fünf Schnittbreiten gibt es beim Pfeifentabak:

Feinschnitt:	0,3 bis 0,65 Millimeter
Shag-Mixture:	1,0 Millimeter
Krüllschnitt:	1,5 bis 2,25 Millimeter
Mittelschnitt:	2,25 bis 3,5 Millimeter
Grobschnitt:	mehr als 3,5 Millimeter

Geschnittener Tabak braucht Kondition, wie es in der Fachsprache heisst. Dafür wird ihm soviel Feuchtigkeit entzogen, dass er später in der Pfeife auch vernünftig brennt. Und manche Tabake werden noch geröstet, sie erhalten ein Top-Flavour. Das macht dann später den typischen Duft aus. Im Gegensatz zum Sossen, das sich nur schmecken lässt.

Tabak wird in den unterschiedlichsten Arten angeboten, in Dosen verpackt oder in Pouches. Dazu nachfolgend einige der wichtigsten Begriffe. Damit Sie im Fachgeschäft auch wissen, wovon der Verkäufer redet, wenn er Ihnen gerade diesen und eben nicht jenen Tabak schmackhaft machen will.

Mixtures: Englische Mischungen, die üblicherweise völlig ungesosst sind. Sie haben ein reiches Aroma und brennen gut und kühl. Als Einsteigertabak und für Leute mit einer besonders empfindlichen Zunge sehr gut geeignet. Etwas länger geschnitten.

Crimp-Cut: Vergleichbar mit den Mixtures, aber kurz geschnitten. Und gekräuselt, was durch eine besondere Art der Trocknung erreicht wird. Ebenfalls ein problemloser Einsteigertabak.

Presstabake: Eine Art, die immer mehr Freunde gewinnt. Die Tabakblätter werden nach dem Mischen und Anfeuchten zu einer Masse zusammengepresst, die dann zunächst in Riegel und später in dünne Scheiben geschnitten wird. Bekannteste Ergebnisse: der *Flake-Cut,* der *Plug-Cut*

Granulated Tabak (Danish Truffles).

Navy Cut (Richmond).

Grossformatige Curley-Scheiben (Park Lane).

Crimp Cut (Rose of Latakia).

und der *Navy-Cut.* In allen Fällen muss ein Cut vor dem Rauchen in der Hand zerkrümelt und aufgelockert werden. Es soll Raucher geben, denen das zu umständlich ist.

Ready Rubbed ist ein zwar ursprünglich ebenfalls gepresster Tabak. Aber er wurde bereits maschinell zerkrümelt und aufgelockert. Ähnlich dem **Granulated,** einem gekörnten Tabak, der sich offensichtlich steigender Beliebtheit erfreut, wenn man mal das grösser werdende Angebot betrachtet. Dieser Tabak wird in Scheiben geschnitten und weiter mit einem zusätzlichen Schnitt in kleine Stücke zerteilt.

Cavendish: Äusserst beliebt nicht nur bei Leichtrauchern. Der Presstabak wird einige Wochen länger gelagert, was eine zusätzliche Fermentation bedeutet. Später im Angebot meist als Ready Rubbed. Raucheigenschaft: besonders kühl.

Black Cavendish: Tiefschwarzer Tabak, der dennoch äusserst milde ist. Bei der zweiten Fermentation unter noch grösserer Hitze verfärben sich die Blätter dunkel. Vielleicht aus optischen Gründen (?) werden immer häufiger Crimp-Cuts mit Black Cavendishes verschnitten.

Strangtabak: Der gemischte Tabak ohne Rippen wird – natürlich – maschinell zu einem Endlosstrang verarbeitet. Der folgende Schritt: *Curley-Cut.* Das sind dann dünne Scheiben mit einer Höchstbreite von 1,55 Millimetern. Um einen Curley-Cut vernünftig rauchen zu können, sollte eine Pfeife mit möglichst hohem Kopf gewählt werden. Trotzdem bedarf es noch einiger Raucherfahrung: Die einzelnen Scheiben müssen sorgfältig und locker übereinandergeschichtet werden. Allerdings lässt sich auch dieser Tabak zwischen den Handflächen auflockern.

Pauschalbeschreibungen sind immer eine kritische Sache. Trotzdem hier der Versuch, vier grosse Geschmacksrichtungen nach Ländern herauszustellen.

Die Grundlage amerikanischer Mischungen besteht aus hellem Virginia und Burley. Sie sind fast immer stark gesosst und gelten als süss. Verständlich, bei den Fruchtessenzen, dem Ahornsirup, der ihnen beigefügt wird. Die Raucheigenschaften dieser US-Produkte sind mild und kühl. Die Tabake sind häufig granulated.

Dänische Tabake gelten als leicht. Sie werden beim breiten Pfeifen-Volk immer beliebter – wie die dänischen Pfeifen ja bekanntlich auch. Besonders profiliert haben sich die Dänen bei der Produktion von Cavendishes, Curley-Cuts und Flakes.

Englische Tabake stehen im Ruf, rauchig-herbe-würzig zu sein. Zumindest bei den Mixtures ist ihre Grundlage die Mischung von Virginia und Orient, nicht selten wird Latakia hinzugefügt. Englische Flakes-Cuts hingegen gelten als lieblicher, als Grundlage dienen amerikanische Tabake.

Die holländischen Tabake waren mal ganz gross in Mode, sanken dann in ihrer Beliebtheit – und scheinen zurzeit wieder im Kommen zu sein. Das macht, weil ihre Mischungen mit Fruchtaroma gerade unter jungen Rauchern wieder mehr Anhänger finden.

Erika Markmann

Aber stopfen darf ich nie!

Wie frau mit einem Pfeifenraucher zusammenlebt

Als leidenschaftliche Nichtraucherin mit einem fast immer leidenschaftlichen Pfeifenraucher verheiratet zu sein, ist gar nicht so einfach. Nicht, dass mich der Qualm stören würde – Gardinen, die schneller schmutzig werden könnten, gibt es bei uns sowieso nicht. Nicht, dass mich der Tabakgeruch stören würde – ich mag es eigentlich ganz gern, wenn jemand raucht (von Zigarren, die ich im wahrsten Sinne des Wortes nicht riechen kann, mal abgesehen). Nicht, dass mich diese Tabakkrümel stören würden, die überall auf den Tischen liegen – die kann man schliesslich wegwischen, jeden Tag aufs neue.

Die richtigen Probleme gibt es immer dann, wenn wir zum Beispiel irgendwo vor einem Pfeifengeschäft stehen. Mit garantierter Sicherheit sagt er dann nämlich: «Du, schau mal, ist die nicht schön?» Und zeigt irgendwo hin. Und ebenso sicher antworte ich: «Hast du denn nicht schon so eine?» Hat er natürlich nicht, oder er sagt es zumindest. Obwohl ich zwischen manchen der mindestens vierzig Pfeifen, die über unser Haus verstreut sind, nun wirklich keine grossen Unterschiede feststellen kann.

Jedenfalls folgt nach dem Dialog vor dem Pfeifengeschäft dann ein indigniertes Schweigen seinerseits. Er unterstellt mir nämlich, ich würde so gar kein Interesse für sein Hobby aufbringen.

Ich geb's ja zu: Es liegt an mir. Ich weiss wirklich nicht, wie man eine Barbi von einer Davidoff unterscheidet. Wobei ich mich jetzt frage, ob ich bei dem letzteren nicht schon wieder etwas durcheinanderbringe.

Immerhin: Inzwischen weiss ich schon, dass Savinelli keine italienische Automarke ist und Anne Julie ... (jetzt habe ich schon wieder ihren Nachnamen vergessen!) keine Herstellerin von Trockenkränzen.

Was zur Folge hat, dass es zwischen uns eine stillschweigende Übereinkunft gibt: «Schenk mir nie eine Pfeife! Nicht zum Geburtstag, nicht zu Weihnachten und zwischendurch auch nicht!» Ich halte mich sogar daran, gerne übrigens. Denn wenn mir schon mal eine gefällt, mag er sie garantiert nicht. Ohne allerdings sagen zu können, warum nicht. Aber wahrscheinlich ist das bei Pfeifenrauchern so. Entweder Liebe auf den ersten Blick oder schiere Ablehnung. Mit meinem Zubehör habe ich schon mehr Glück. Entweder werde ich dezent darauf hingewiesen («Sieh doch mal, ist das nicht ein wunderschöner Stopfer!?»), oder mein Geschmack fürs Schlichte deckt sich zufällig mit der richtigen Funktion – wie im vergangenen Jahr mit einem Pfeifenständer passiert.

Manchmal erlebt man als Pfeifenraucher-Frau natürlich auch Flops. Äussert doch mein Mann irgendwann den Wunsch nach einer Wickeltasche für seine Pfeifen – weil nur die die einzig wahre ist – und selbstverständlich nirgendwo in Hamburg zu erhalten. Also renne ich, wohin mich meine Reisen führen, in das nächste Tabakgeschäft. Fehlanzeige – in Zürich, in Wien, in München. Auch andere vielversprechende Städte haben solches nicht zu bieten. Statt dessen muss ich mir Fachhändlerfragen anhören wie «Und warum ausgerechnet eine Wickeltasche?» Weil darin angeblich nur die gebogenen Pfeifen richtig untergebracht werden können. Ist mir

wenigstens so im Gedächtnis geblieben. Und schon demonstriert mir jeder Pfeifenhändler, wie phantastisch gerade gebogene Pfeifen in jede normale Tasche passen, in jede normale Pfeifentasche, meine ich.

Und was beschliesse ich als treusorgendes Eheweib: «Näh ihm selbst eine!» Gedacht, fast getan. Schönes weiches Fensterleder müsste sich eigentlich sehr gut eignen. Den Schnitt habe ich auch schon im Kopf, fehlt mir nur noch die Ledernadel für die Maschine. Da kommt er eines Tages von Recherchen für dieses Buch nach Hause, freudestrahlend: «Rate mal, was ich habe!» Ich muss nicht raten, ich sehe es: eine Wickeltasche. Und so dient denn das Fensterleder seinem ursprünglichen Verwendungszweck.

Aber so ganz allmählich werde ich dann doch in das Pfeifenraucherleben eingeführt. Was nicht heissen soll, dass ich nun doch noch anfange zu rauchen – mir schmeckt das nun mal nicht. Aber immerhin, wenn wir mit dem Auto unterwegs sind und er sitzt am Steuer, dann darf ich doch wahrhaftig schon mal eine Pfeife saubermachen. Doch, soviel Vertrauen hat er zu meinen Fähigkeiten. Oder ich darf sogar fahren, damit er in Ruhe sein Pfeifchen schmauchen kann. Stopfen aber darf ich nie.

Ganz in Ruhe, das ist es, was mir das Pfeifenrauchen besonders bei meinem Mann so sympathisch macht. Sitzt er da in seinem Lieblingssofa und stopft eine Pfeife, dann geht's ihm deutlich sichtbar gut. Steckt er hingegen eine Zigarette an der anderen an – was manchmal schon vorkommen kann –, dann sollte man tunlichst etwas vorsichtiger im Umgang mit ihm sein.

Also, pflegen wir das Hobby weiter. Bis zum nächsten Stadtbummel, bis zum nächsten Pfeifengeschäft, bis zur nächsten Frage: «Du, schau mal, wie findest du denn die?» Womit wir wieder am Anfang wären.